好妈妈这样定规矩

轻松『搞定』熊孩子

韩佳宸／编著

北京理工大学出版社
BEIJING INSTITUTE OF TECHNOLOGY PRESS

图书在版编目（CIP）数据

好妈妈这样定规矩，轻松"搞定"熊孩子 / 韩佳宸编著 .—北京 : 北京理工大学出版社 , 2019.6

ISBN 978-7-5682-6983-4

Ⅰ . ①好… Ⅱ . ①韩… Ⅲ . ①儿童教育 – 家庭教育 Ⅳ . ① G781

中国版本图书馆 CIP 数据核字 (2019) 第 078092 号

出版发行 / 北京理工大学出版社有限责任公司
社　　址 / 北京市海淀区中关村南大街 5 号
邮　　编 / 100081
电　　话 / （010）68914775（总编室）
　　　　　（010）82562903（教材售后服务热线）
　　　　　（010）68948351（其他图书服务热线）
网　　址 / http://www.bitpress.com.cn
经　　销 / 全国各地新华书店
印　　刷 / 三河市华骏印务包装有限公司
开　　本 / 710 毫米 × 1000 毫米　1/16
印　　张 / 9　　　　　　　　　　　　　　　　　　　责任编辑 / 李慧智
字　　数 / 88 千字　　　　　　　　　　　　　　　　文案编辑 / 李慧智
版　　次 / 2019 年 6 月第 1 版　2019 年 6 月第 1 次印刷　责任校对 / 周瑞红
定　　价 / 36.00 元　　　　　　　　　　　　　　　　责任印制 / 施胜娟

序言：教育之道在于爱与典范

当一个孩子出生后，妈妈想到的第一件事，就是要给他最好的爱。对于孩子来说，爱是不可或缺的心理营养，孩子对于爱的需求，不亚于对水和食物的需求。一个孩子只有获得父母爱的滋养，才能活出生命的丰盈以及温暖。

如今年轻的爸爸妈妈都在学习如何爱孩子，如何给孩子"爱与自由"。这是一种很大的进步——我们以前的教育方式，对孩子的束缚太多，忽略了孩子的需求，压抑了孩子的天性。这样的教育结果，会让孩子变得畏首畏尾，缺乏自信心，也很难独立。只有获得足够的"爱与自由"的孩子，才能从心底收获安全感，才能够勇敢自信地面对这个世界。爱与自由对孩子的成长以及发展，起着非常大的积极作用。

但是我们也见到很多年轻妈妈在抱怨，她们用最大的耐心去给孩子"爱与自由"，去关心、关注孩子，但是换来的，却是无尽的疲惫，以及一个变得无法无天的孩子。

"喂孩子吃饭对我来说是一件非常困难且费力的事，每一天，我都端着饭碗，和他围着桌子跑。他经常钻到桌子底下去，而我只能端着饭碗追着去喂他，要么他根本就不吃饭。"

"我很少带儿子去外面的餐厅吃饭，每次出去，他都会大吼大叫，还会站到桌子上，让所有人的目光都投射过来。我羞愧得想钻到桌子底下去，实在是太丢人了。"

"我女儿在幼儿园总是摔东西，还打其他小朋友，幼儿园的老师跟我说这些事，我也不知道怎么办……"

"我家孩子上了小学，每天回来第一件事就是看电视。无论我和爸爸怎样说他，他就是不写作业，直到把电视看够了，才开始动笔，结果每天都写到晚上11点……"

现在的孩子变得越来越难教育，这几乎成了父母们的共识。为什么我们给了孩子足够的关心、关注、爱与自由，孩子却仍出现这么多的问题，让我们如此焦急、疲惫、无能为力？这是因为我们没有学会给孩子定规矩。德国一位教育学家很早就说过："教育之道在于爱与典范，别无其他。"教育孩子需要给他足够的爱与自由，也需要给他定规矩。

妈妈需要"规矩"这种工具

很多妈妈在给孩子定规矩的时候，心底都会有一种压力：我这样做是否是在束缚孩子？我是不是仅仅为了自己的方便而限制了孩子呢？

因为有这种想法，一些妈妈在定规矩的时候会感觉惭愧，感觉对不起孩子。其实这是完全没必要的。首先，给孩子定规矩不是在限制孩子，而是在教育孩子，从而让孩子日后变得更出色。其次，妈妈也要和孩子划清界限，孩子不应该成为妈妈的全部，妈妈也要有自己的生活，也要关注自己的需求，而不应该把全部心思都放在孩子身上。

所以，妈妈需要"规矩"这种工具，它无论对于孩子还是妈妈，都是有重要意义的。

定规矩本身就是一种教育

孩子过马路的时候，我们是让他遵守交通规则，还是允许他乱跑乱闯，完全无视红灯绿灯？可能所有的妈妈想都不想，都会提醒自己的孩子"红灯停绿灯行"。其实教孩子遵守交通规则，就是在给孩子定规矩。

那么在其他事情上，我们为什么会犹豫，不给孩子定规矩呢？定规矩本身就是在教育孩子，而且这种教育是不可或缺的，他们和爱与自由一样重要。我们只有给孩子定下一些必要的规矩，才能让孩子有所遵从，从而养成良好的习惯。

孩子需要爱，更需要规矩，爱可以让孩子心灵富足、充盈，规矩可以让孩子形成自律，养成好习惯。规矩和爱，这两者是教育孩子的过程中不可或缺的。本书讲授了一些方法，告诉家长如何实现规矩与爱的平衡，如何给孩子制定规则，让他愿意遵守，如何解决孩子不听话的问题……希望您读过本书之后，能够有所收获，也希望书中的方法，可以让孩子变得"好说好商量"，愿意遵守妈妈所制定的规矩。

C目录
ontents

第3章　不同年龄段的孩子，需要遵守哪些规矩

——定规矩也要根据孩子的年龄

第4章　蹲下来用爱和孩子说规矩

——给孩子定规矩的前提

第5章　给孩子定规矩的四大原则

——定规矩一定要遵循这些原则

第 1 章 爱在左，管教在右

——孩子需要爱，也需要规矩

给孩子定规矩，
是一种必不可少的教育

一位妈妈在自己的博客中，曾经这样写出自己的苦恼：

我儿子今年3岁半，开始上幼儿园。他上幼儿园之后，我的麻烦也随之而来。一般的孩子，通过一段时间的适应，对上幼儿园也就不那么抵触了。但是我的儿子不一样，他不喜欢上幼儿园，说那里的小朋友不喜欢他，不和他一起玩。

我开始不太相信孩子的话，认为他是在找借口。后来我找老师了解了情况，发现孩子说的话是真实的——但是这不能怪其他小朋友，而完全应该怪我自己。在家里，我对儿子比较娇惯，没有给他定过规则，他想做什么，我基本上都答应。上了幼儿园之后，儿子没有学会遵守规则，也不会考虑别人的感受，完全只顾自己玩得高兴。比如玩玩具，他不懂得谦让别人，也不懂得遵守规则，看上哪个玩具好玩，就要抢过来，如果不给他，他就大声哭闹起来。再比如做游戏，他也是不管别人，自己高兴就好，结果其他小朋友都不愿意和他一组。

现在我感到很后悔，我应该早早就教他遵守规则，这样上幼儿园之后，他就能够学会合作，而不会受其他小朋友冷落了。

上面这位妈妈所遇到的苦恼，也许很多家长都会遇到。在适当的时候给孩子定规矩，是非常必要的。即便是在动物界，也是有规则有纪律的，比如群狼去捕猎，有负责进攻的，有负责追捕的……规则意识非常强。而我们人类作为社会性动物，更要讲究和遵守规则，只有这样，才能融入群体之中，才能充分地团结协作。

给孩子定规矩，本身就是一种非常重要的教育。很多良好的习惯，很多成长必需的意识，都是可以通过定规矩来培养的。

定规矩可以培养孩子良好的习惯

有这样一句教育名言：播下行为，收获习惯。播下习惯，收获性格。这就是说，良好的习惯，是可以通过教育来培养的，而给孩子定规矩，算是一种培养孩子良好习惯的重要方式。

1978年，75位诺贝尔奖获得者在巴黎举行聚会。很多人都非常想知道，作为国际最高奖项的获得者，他们是怎样走上成功之路的。有一位记者问一位获奖者："我想知道，您在哪一所大学、哪一个实验室里学到了您认为最重要的东西？"这位获奖者是一位白发苍苍的老人，他的回答是：在幼儿园里。这位提问者非常好奇：在幼儿园里能学到什么东西呢？白发苍苍的老者说："把自己的东西分一半给小伙伴们；不是自己的东西不要拿；东西要放齐整，饭前要洗手，午饭后要休息；做错了事情要表示歉意；学习要多思考，要仔细观察大自然。从根本上说，我学会的就是这些东西……"

上文中这位诺贝尔奖获得者的回答，也许会出乎很多人的意料。但是这也说明了一个道理：良好的习惯可以让人变得卓越，而很多良好的习惯，都是可以通过定规矩的方式来培养的。比如：饭后洗手，不拿同伴的东西，不在公共场合大吼大叫，不随地吐痰，做事有条理，见到同伴要问好……这些良好的习惯，都是可以通过定规矩的方式来培养的，一旦这些习惯养成之后，会让孩子一生受益。

有一位大公司的管理者曾经这样说："20年前，父亲要求我每天晚上看一会儿书，在10点钟左右就熄灯睡觉，第二天5点30分准时起床，然后进行晨练。这个习惯我保持二十几年了。众所周知，管理一个大企业需要非常大的精力投入，很多管理者都身心疲惫，但是我却丝毫不觉得精力不够用。我父亲为我定的规矩让我养成了早睡早起的习惯，而这个习惯，让我在工作中受益无穷。"

定规矩可以培养孩子成长所必需的意识

定规矩除了可以培养孩子良好的习惯外，也可以培养孩子成长所必需的意识，比如安全意识、团结协作的意识、配合的意识，等等。

在孩子很小的时候，他只能意识到自己，而不会去考虑别人。随着孩子逐渐长大，他要上幼儿园，要和其他孩子接触，等他大学毕业之后，更要走向社会，进入职场。无论是在幼儿园还是在职场中，都有一些规则需要遵守。在孩子年龄还小的时候，就要培养他们这些成长所必需的意识，比如团队意识、配合意识，等等。

此外，家长也要通过定规矩的方式，培养孩子的安全意识，比如"红灯停绿灯行"，比如不可以随便玩火、不可以随便摸电门，等等，这些安全意识越早培养，越能保障孩子的安全。

俗话说："没有规矩，不成方圆。"家长为孩子定规矩，本身就是一种教育，不仅可以促进孩子形成良好的卫生习惯、生活习惯和行为习惯，同时也有益于促进孩子身心健康和谐发展，对孩子的成长大有裨益。

如果没有规矩，爱就是一把刀

当孩子降生到这个世界，估计每位妈妈都会暗下决心：一定要给孩子最好的爱！每位妈妈都非常爱自己的孩子，这是毋庸置疑的，但是怎样才能给孩子最好的爱呢？估计大部分妈妈都说不清楚，也不知道怎样去做。甚至一些妈妈因为做法错误，让孩子不仅没有感受到爱，反而受到了伤害。

有一位妈妈对儿子非常娇惯，平时什么家务都不让儿子干。儿子的房间乱了由她收拾，衣服脏了由她来洗，甚至吃饭时，都是她盛好了端到儿子面前。这位妈妈是一位上班族，平时工作也很忙很累，但是为了照顾好儿子，再苦再累她也愿意。她经常对儿子说："你好好学习就行了，家里的事由妈妈来做就好了！"

她一心一意希望儿子学习好，能够考上一个好大学。从学习成绩来看，她的儿子倒是很争气，平时一直在班上名列前茅。高考的时候，他不负妈妈的期望，考上了一所重点大学。

这位妈妈满心欢喜地把儿子送到学校，心中充满了骄傲感。但是没过两个月，那个让她满心骄傲地儿子居然跑回了家，要退学。原来由妈妈照顾习惯了的他，在学校里，不会洗衣服、不会刷碗，甚至连怎么去给饭卡充钱都搞不明白。另外，因为他一直受妈妈娇惯，和其他人住在一个宿舍根本就不习惯，经常闹矛盾。最后他感觉实在受不了了，就跑回家，准备退学。

上面这则新闻当时引起了极大的关注，让大家开始反思：对孩子关爱过度，就是在溺爱孩子，这不仅不会让孩子受益，反而会害了孩子。就如上面这位妈妈，她平时无微不至地照顾儿子，什么事情都不让他做，结果等他离开妈妈的时候，根本无法自理。妈妈不可能照顾他一辈子，而现在他根本离不开妈妈的照顾了，因此很难独立生活、走向社会。

如果没有规矩，爱就是一把刀，不仅会割伤孩子，最终也会割伤父母。在溺爱中长大的孩子，会变得自私自利、唯我独尊，根本不考虑别人的感受。

有这样一则新闻：一位女士四十几岁了，和丈夫努力一年之久，终于如愿以偿地怀了二胎。这本来是让人高兴的一件事，但是她和爱人却犯了愁。她的大女儿十几岁，得知妈妈怀了二胎后，百般不愿意，非要让妈妈打掉胎儿。为了让妈妈打掉胎儿，女儿竟尝试用刀片割腕。最终妈妈无奈，只能含泪到医院终止了妊娠。

事后，这位女士说："我家女儿被宠坏了，从小就非常任性，说一不二。自从我怀上二胎，她就说如果我再生弟弟妹妹，她就跳楼自杀。开始的时候我以为她只是说说，但是随着我怀孕越久，她的脾气就越大，经常吵闹，乱扔东西。"

上面这个女儿，显然被宠坏了。她在父母的溺爱中长大，变得自私、自大，根本容不得别人。而这位妈妈的教育方式，也需要我们进行反思。

那么，妈妈到底应该怎样爱自己的孩子呢？怎样的爱才是孩子们需要的爱呢？

1. 无条件的接纳，对孩子的爱是无条件的

我们要给孩子无条件的爱。什么是无条件的爱呢？就是我们不会因为你做出什么成绩、成为什么人物、做到什么样的职位才爱你；我们爱你，只是因为你是我们的孩子。这样的爱，才是孩子所渴求的。

美国总统的就职典礼上，很多记者都拿着相机围住了总统的母亲，他们向她祝贺，并且让她谈谈对自己儿子当选总统的看法。这位母亲很激动，她告诉记者："我的大儿子当选

了美国总统，我感觉很骄傲。而我还有另外一个儿子，他现在在家里挖土豆，我同样为我的二儿子骄傲！"

上面这位总统的母亲，就做到了无条件的爱！她为成为总统的儿子骄傲，但是也为挖土豆的儿子而骄傲。她不在乎他们的身份地位，而只是因为他们都是自己的儿子，所以同样地爱他们。

只有给孩子无条件的爱，孩子才能真切感受到我们是爱他们的；如果我们对他们的爱是有条件的，那他们能够敏锐地感觉到，这种爱就变得不单纯了。尤其是我们中国的家长，经常把爱加上条件："你考第一名才是我的好儿子""妈妈爱你，你听妈妈的话好不好""我这是为你好"……当我们说出这些话的时候，真的是为孩子好吗？还是加上了自己的意愿呢？我们要想让孩子真切地感受到我们的爱意，就要无条件接纳孩子，给他无条件的爱。

2. 重视孩子，让爱聚焦

对于孩子来说，父母的重视是弥足珍贵的。他们希望自己是父母人生中最重要的人。他们经常会不断地询问："妈妈，我是不是你最重要的人呢？"

有些时候，一些得不到父母关注的孩子，为了吸引父母的目光，甚至故意做一些调皮捣蛋的事，哪怕父母因此打了他一顿，他也会得到满足——至少，父母刚才关注到了他。

父母的重视对于孩子心理人格形成以及社会化过程，起到了非常重要的作用。受到父母重视的孩子，就等于让爱聚焦，照射到了他的身上。他能深切地感受到父母的爱，从而滋养内在的生命，变得自信、有勇气，具有安全感。而得不到父母重视的孩子，就会向其他人寻觅，上了小学，会努力讨好老师，从而希望得到老师的重视；上了中学，可能会过早地恋爱，寻找那个"最重视自己的人"。

所以，妈妈一定要重视自己的孩子，重视他的感受，重视他的情绪，重视他的需求，让他感受到自己的爱。

3. 肯定、认同、赞美孩子

每个人都希望得到别人的认同、肯定以及称赞，孩子也不例外。我们会发现，当孩子做好了一件事，我们表扬他的时候，他会格外地开心，从而更好地去做一些事。很多时候，爸爸妈妈一句肯定、赞美的话，会让孩子记住一辈子，每当想起来的时候，心中都会感受到温暖。

一个常常得到肯定、认同、赞美的孩子，会活得更自信，更有勇气面对生活中的困难。他坚信自己是最出色的，也能够勇敢地去做自己。所以，爸爸妈妈要多肯定、认同以及赞美孩子。

值得一提的是，家长在肯定、认同以及赞美孩子的时候，一定要出于本心，而不是为了认同而认同，为了赞美而赞美，否则孩子一定会感受到家长的"虚情假意"。此外，在赞美孩子的时候，一定要具体，不要空洞无物，只说"你真棒"。例如孩子画的画比较不错，家长可以说"你这张画上的小鸭子画得很形象，尤其是它的翅膀，很生动"，而不是说"你的画画得很好"。

4. 和孩子划清界限，在爱中定规矩

家长对于孩子的爱，可以是无条件的，但是不能是无原则的。家长要和孩子划清界限，学会在爱中定规矩。一位爸爸在网络中曾经对孩子说："我爱你，但是我也希望你能守规矩，养成好习惯。"这位爸爸说得不错：我是爱你的，但是也要有原则，也要让你遵守规矩，而不是溺爱娇惯你。只有这样的爱，才是理性的爱，才是对孩子有积极影响的爱，才是真正的爱！

懂规矩的孩子才会有教养

一个人能不能被认可、被接受，人们首先的观察就是看这个人是否具备良好的行为规范。

人是社会化动物，为了让大家都能更好地生活，逐渐设置了一些行为规范让大家遵守。比如不在公共场合大吼大叫，不在超市里面胡乱跑动，不在公园随地吐痰，不在楼上乱蹦乱跳，等等。如果一个孩子能够自觉地遵守这些规范，他就会受到欢迎，如果他不懂得遵守这些规范，自然就很难融入一个团体，受到大家的认可和接纳。可以说，一个孩子是否懂规矩事关他的教养问题。

最近在网络中，出现了很多关于"熊孩子"的帖子，文中的孩子确实让人心生反感，很多留言也直指他们的家长，说家长不仅没有教育好孩子，自己也缺乏教养。

一位游客，在微博上吐槽了一个熊孩子以及他的父母：

对我来说，这次旅游经历真是太糟糕了。在登机的时候，我正在往前走，就听到后面一个小孩子吼道："快让开！"然后推了我一下，跑到我的前面去了。在我前面是一位年岁不小的老大爷，被他撞了一下，差点就跌倒了。那个熊孩子的父母就在我的后面，非但没有阻止自己的儿子，还听到他们在后面笑。我当时感觉很不爽，但是心想一个五六岁的小孩子，跟他过不去干吗，也就没有说什么。

到飞机上找到了自己的座位坐下，没想到这一家三口就在我的邻座。我心中暗暗叫糟，心里祈盼这孩子可别在飞机上折腾。飞机起飞时间是下午两点多，我有些困了，就想睡一会儿。结果刚刚入睡，就听到那孩子喊道："爸爸快看，飞机外面好多云！"那孩子嗓门很大，我被吓了一跳，一点睡意都没了。我用飞机上的设备听听歌、看看视频想打发一下时间，结果那个熊孩子又唱起了歌，一会儿都不安静。他的父母不但不管他，反而相互间有说有笑，根本不顾及旁边的人！

后来我实在受不了了，就对孩子的父母说："您能不能管管您的孩子，他实在太闹腾了，能不能让他安静一会儿！"孩子的母亲听了我的话满脸不高兴，黑着脸说："他才五六岁，正是闹腾的年龄，再说一会儿也就下飞机了，你再忍一会儿……"

孩子母亲的话让我无言以对：她不仅没意识到自己的问题，还让旁人去忍，真的不知道是怎么想的。算我倒霉吧，实在难以和这样的人说明白。

　　我恨不得马上就到达，赶紧下飞机，离他们远一点。终于飞机到达了，空姐一让大家离机，我马上收拾好东西就往下走，一刻都不想停留。就在我心中稍稍放松的时候，后背又被人推了一把，接着听到那个熊孩子的叫声："快让开，爸爸妈妈我们快跑，看谁第一个下飞机！"

　　看了上面这段文字，估计大家都感同身受，为这位游客抱不平，同时对这一家人感到厌恶。虽然文中的孩子只有五六岁，年龄还小，对他加以批判还不太合适，但是他的父母却做得有些过分，他们不仅没有教育好孩子，而且自身就缺乏教养。

　　一个孩子不仅代表着他自己，也体现着他所在家庭给予他的教养。那种懂规矩、有礼貌的孩子，自然受到大家的欢迎，他的家长，也会得到大家的点头称赞。

　　一个男孩的妈妈，就曾多次提到一位小女孩的家长，简直是赞不绝口：

　　有一次参加一个聚会，因为老公出差，没有人看孩子，我就带儿子一起去了。在出发的时候，我就对3岁的孩子说："你吃饭的时候一定要老老实实，别大吵大闹，也别乱跑！"儿子出门时虽然满口答应，但是到了目的地，一看人那么多，顿时就兴奋了，围着餐桌来回跑，甚至还要爬到餐桌上去。大家吃饭的时候，他开始大吼大叫，弄得我不住给旁人道歉，羞愧得恨不得找个地缝钻进去。

同时来聚会的，还有一位年轻的妈妈，她带了4岁的女儿一起来参加聚会。这个小姑娘真是惹人喜爱，她穿得整整齐齐，坐在座位上，围着餐巾，斯斯文文地吃东西。旁人怕她够不着，有时候为她夹菜，她还不忘对人说声"谢谢"。她坐在那里，一看就是家教很好的小公主，小小年纪，就非常有贵族的气质。

再看看我这儿子，和人家一比，简直是一个皮猴子，太令人难堪了。从那次聚会回来，我就下决心好好教育儿子，要不然出去尽给我丢人！

一个懂规矩、懂礼貌、斯斯文文的孩子，确实惹人怜爱，也让人对他的家庭教育刮目相看。就如上文中的小姑娘，在餐桌上那种公主的气质，不经意就散发出来了。这也说明，她的家长就很有教养，平时也非常花心思去教育她。

懂规矩的孩子才会有教养。所以，我们一定不能忽视为孩子立规矩，并告诉他一些约定俗成的行为规范要遵守。只有这样，我们的孩子走出自己的家，才会受欢迎。

唯有立规矩，才能培养自律的孩子

心理学家曾经做过一个实验：研究者召集了多名年龄4岁的孩子，他们给每个孩子都分发了一个香甜可口的糖果，然后告诉他们：如果他们能够忍着不吃这个糖果，那么等一会儿之后，他们会得到另外一个糖果作为奖励。说完之后，研究者假装离开，其实是在暗中观察这些孩子。他们发现有的孩子在过了一段时间之后，实在忍不住了，就开始吃手中的糖果；而另外一些孩子，虽然也想品尝糖果的味道，但他们最终还是忍住了。等实验结束，他们得到了自己应得的奖励——另外一个糖果。

若干年之后，研究者对这些孩子们进行回访，发现能忍着不吃糖果的孩子，无论是在工作还是在其他方面，都更有成绩，情商也更高。而那些没有忍住吃了糖果的孩子，成绩以及情商方面，都有一些欠缺，他们的前途也不是太乐观。

一个人能够取得成绩，除了智商、情商方面以外，自制力也很重要。拿破仑说过："我们唯一能控制的便是我们的大脑，如果我们不控制它的话，别的力量就会来左右他了……"如果孩子缺乏自制力，就会变得任性、自私、追求物质享受、贪图安逸。这样的孩子连自己都控制不了，又谈何去获得成功呢？在成功的道路上，只有学会自律，学会控制自己的情绪和欲望，才能看得更长远，从而有更多的收获。

那么，如何才能培养孩子的自制力呢？

据心理学家研究发现，对孩子过严或者过松都不好，家长只有把握得当，才能让孩子形成良好的自律能力。

有一位妈妈，平时基本不给孩子买零食，怕孩子吃太多的垃圾食品影响健康。有一次妈妈的单位周末举行野炊，大家都纷纷带上自己的孩子去参加。同事们都带了好多零食，因为以前孩子从来没有吃过，这次一下子就忍不住了，吃了这个又吃那个，回到家后肚子疼了大半夜。

自从吃到了零食之后，孩子便喊着让妈妈去买。妈妈烦不过，就给孩子买了两包糖。结果仅仅用了一天，孩子就吃完了——这一天，他简直就没停过，吃了一颗又一个，连饭都不吃了。吃完之后，孩子又让妈妈去买，不买的话就哭个不停。

这下妈妈可犯了愁，不给孩子吃零食，他就哭个不停；但是给他买太多零食，他就只吃零食，连饭都不吃了，这对孩子的健康非常不利。

后来妈妈想了个办法：她不再完全禁止孩子吃零食，而是开始研究哪些零食对孩子健康有益，哪些零食对孩子健康无益，然后买那些对孩子健康有益的。她把零食放在孩子能够得着的地方，对孩子说："妈妈把零食放在这里，现在妈妈和你立一个规矩：在吃饭的时候，你绝不能因为吃零食而耽误吃饭；在吃饭之后，你可以吃一些零食。妈妈相信你能做到……"

从此之后，孩子再也没有因为吃零食而耽误吃饭。

对于孩子来说，他们年龄小，缺乏自制力，如果家长放纵不管，孩子很可能只看眼前的利益，而不去管以后怎么样。而一旦家长没有为孩子立规矩，他们很可能就会形成坏习惯，等家长再想控制的时候，就难上加难了。我们经常看到一些孩子，开始的时候一边写作业一边玩东西，等到时间一久，他就很难集中注意力了，必须写一会儿玩一会儿。等家长再想改变他们的时候，就已经很难了，因为他们已经养成了习惯。

在开始的时候，家长就应该为孩子立一些规矩，对孩子进行一些合理的约束，这是管好孩子的一个重要开端。等到时间一久，孩子就会慢慢学会自律，并且养成好习惯。

一位家长曾经分享了自己的教子心得：

孩子上了小学之后，没几天，我就发现了两个问题：第一，他早上不想起床，经常赖着不起来；第二，他写作业太慢，总是一边写一边玩，直到很晚才睡觉。我觉得要做些改变，要不然孩子会养成一些坏习惯。

我首先和孩子约定，写作业的时候要集中注意力，把写作业的时间控制在一两个小时之内。我让他到我的书房去写，并且把书桌上分散他注意力的东西全部拿走。在我数次督促之后，他一边写一边玩的毛病改掉了，基本上很早就能写完作业了。因为作业完成得早，他基本上10点之前就能睡觉了，而不是每天都忙到很晚。

之后，我又跟他商量，订立了另外一个规矩：每天早上6点30分起床，和我一起去晨练。我儿子平时很喜欢运动，很痛快就答应了。于是后面的几天，我起床之后就去叫他，让他和我一起出去锻炼。开始几天他不适应，但是坚持了十几天之后，就很容易做到了，即使在寒风凛冽的冬日，他也能坚持6点30分起床和我一起去锻炼。

上面这位父亲是一位聪明的家长，他发现问题之后，马上给孩子订立规矩，帮孩子改正坏毛病。他通过立规矩的方式，培养孩子的自制力，让他逐渐形成好的习惯。就拿晨练这件事来说，他的孩子一旦形成习惯，就能够坚持一辈子，这对孩子健康来说，有极大的积极作用。

自律的孩子，具有很强的独立性，即使家长不督促他们，他们也能很好地完成作业、收拾好屋子、自己按时睡觉按时起床……他们做任何事都积极主动，不需要父母的严厉管教。但是要想让孩子变得自律，在开始的时候要为孩子定规矩，让他接受合理的约束。只有在规矩的指引下，孩子才能变得自律起来。

不懂规矩的孩子最终社会会给他教训

前些天，听到了这样一则消息：一个17岁的男孩，上初中三年级，他对学习完全没有兴趣，整天旷课打架。渐渐地，他在学校有了"名气"，成了"大哥"，手下拉拢了一批"小弟"。他们向其他孩子索要钱财，如果不给，就动手打骂。有一个孩子已经被索要了好多次，实在拿不出钱了。这让这位17岁的"大哥"很气愤，认为他是在说谎，在跟自己过不去，就拿木棍狠狠地打那个孩子的头部。结果因为下手太重，那个孩子被打晕了，造成了脑震荡。结果这位17岁的孩子因为暴力打人，被警察带走。

上面这个17岁的男孩，本来应该是在学校学习的年纪，为什么竟然组织了团伙，敲诈勒索同学，最终触犯了法律呢？他小小年纪就触犯法律，最重要的原因就是：在他年纪还小的时候，他的家长没有及时给他定规矩，没有正确地教育他。

在网络上，曾看到一篇名为《教会孩子懂规矩不是小事》的文章，作者在文中认为：规矩→规则→遵纪→守法，是一个循序渐进的过程，也是一个"服从"的过程。

的确是这样，对于不谙世事的孩子来说，在他年幼的时候，家长要及时定规矩，让他接受合理的约束，而不是由着自己的性子来。比如晚上按时睡觉、在公共场合要轻言轻语、不抢别的小朋友的玩具……这是让孩子接受合理约束的第一步。等他年龄稍长，步入幼儿园以及小学，就要开始接受规则，比如在幼儿园应该排队玩滑梯、不随地吐痰、过马路要看红绿灯，等等。再之后，则要学会遵守纪律，比如上课不讲话、按时写作业、不打架骂人，等等。最后，则要学会遵守法律，不触犯法律的底线。

孩子年纪小的时候，是不懂这些的，需要家长耐心教导，孩子才能逐渐学会遵守规矩、规则、纪律，并且最终懂得遵守法律。如果在孩子年幼的时候没有及时给他定规矩，而是放任不管，由着孩子的性子来，他就不懂得"服从"，从而触犯纪律乃至法律。这样的孩子步入社会之后，自然会得到社会的"教育"，而这种代价就非常之大了。

有这样一则故事，也许很多人都听过，非常具有警示意义：

一个上小学的小男孩，在放学的时候偷偷拿了同学的写字板，回家后交给了母亲。结果他的母亲不仅没有批评儿子，反而夸奖他能干。小男孩得到夸奖后很得意，第二天从服装店偷回了一件皮大衣交给了母亲。母亲很满意，就又夸奖了他。

十几年之后，这个小男孩已经长成了小伙子。他不再满足偷偷写字板、皮大衣这样的小玩意，而是开始偷更贵重的东西。有一次，他偷东西的时候被当场抓住，结果被判了死刑，关进了牢房。

在被刽子手押送刑场的时候，她的母亲捶胸顿足，哭得不能自已。这时候，小偷对他的母亲说："妈妈你过来，我想跟你说一句话。"他的母亲立马走过去，贴到他的面前。谁知道儿子一下子咬住了母亲的耳朵，并且撕了下来。母亲捂着受伤的耳朵，愤怒地说道："我实在不应该养你，你太不孝了，不仅自己犯了杀头之罪，还把我咬成了残疾！"儿子说道："在我第一次偷写字板的时候，当时如果你能打我一顿，我何至于落得这样的悲惨结局！"

上面这则故事，相信大多数人都应该听过。如文中的小伙子所说，如果他的母亲在他年幼的时候就给他定规矩，告诉他偷东西不对，他也不至于错误犯得越来越大，最后一发不可收拾。

孩子终究是要步入社会的，如果我们在他们年幼的时候不给他们定规矩，社会最终就会给他们教训。教会孩子懂得规矩不是小事，孩子不会因为年龄增长就会自动明白并且遵守一些必要的规矩以及规则。我们千万不能让他们用无法弥补的损失，再来补习"规矩"这一课。

第**2**章　为什么说了五六遍，孩子就是不听

——探索孩子不服管教的原因

爱冲动是孩子的天性

在上一章我们已经讲过，给孩子定规矩是一种必不可少的教育手段。只有及时给孩子定规矩，才能培养孩子的好习惯，并且让孩子懂规则、有教养。

但是妈妈们一定要做好准备，不要把定规矩这种教育手段当作"万能钥匙"。孩子不是机器人，有自己的情感，也有自己的脾气，在定规矩的过程中，他们一定会产生抵触情绪，进而进行激烈的反抗。妈妈们要准备好，在定规矩的过程中这种"拉锯战"绝不会少，这会考验你们的耐心以及恒心，只有做到温柔与坚定同在，才能教出好孩子。

家长给孩子定规矩，本来是为他们好，为什么会让孩子产生强烈的抵触情绪呢？

随着年龄的增长，孩子开始有了自己的想法，但是他们心智还不成熟，对自己的情绪控制力也非常弱，因此，当妈妈的规定和他的想法或者意愿相悖时，就会对家长的规矩产生抵触情绪。他们会认为妈妈的规矩是为了束缚自己，让自己无法好好玩儿，甚至认为这是不爱自己的表现。由于他们年纪还小，缺乏表达能力，或者不知道如何说明，便会以反抗的形式来表达自己的不满。

孩子们最常见的表达形式，就是"哇哇"大哭，让家长心神不宁，最终没了耐心也没了原则，举手向孩子投降。很多家长提起孩子以大哭作为反抗手段，都心有余悸，感觉毫无解决办法。

一位妈妈曾经在博客这样写道：

今天我又和女儿爆发了激烈的冲突，最终还是我举手投降。

今天我和她去超市买牛奶，她看到了一个洋娃娃，非要我买给她。女儿已经有了3个洋娃娃，平时她根本不玩，所以我就不同意她再买一个。

我让她放回去，她搂着不放，我就从她手里抢了过来。这下可了不得了，她蹲到地上，"哇哇"大哭起来。我估计她哭两声也就没事了，就没有管她，只是在旁边看着她。结果过了一会，她不仅没有停歇，反而哭得更厉害，还在地上打起滚来。

她的哭声吸引了好多买东西的人看过来，我感觉很难堪。我想抱她起来，但是她就是在地上赖着不起来，继续大声地哭，连脚边的货架都被她踹倒了。我本想再铁铁心，任她去哭，但是听着她的哭声实在心烦，又感觉这样下去实在难堪。我束手无策地呆在那，最终只能哄她说："别哭了，这个洋娃娃我给你买行不行？"

在孩子年龄还小的时候，爱冲动是他们的天性。他们还不会用长远的眼光考虑问题，也很难理解妈妈给他们定规矩是为他们好。当他们感觉自己的意愿遭到违背的时候，立马就会产生抵触情绪，进而哭闹乃至发怒。这会成为妈妈和孩子之间的一种博弈，如果妈妈缺乏耐性，缺乏管教的方法，最终只能向孩子举手投降。

孩子的抵触心理大大增加了教育的难度。妈妈如果总是无法解决这个问题，就无法给孩子定规矩，无法实现管教。那么，妈妈应该如何做呢？

正视孩子的冲动

孩子对所定的规矩产生抵触心理，进而哭闹或者发怒，这是孩子在这一阶段生理特点以及心理特点决定的，短期内不会改变。我们应该正视孩子的冲动，给他们充分的尊重和理解，而不是给他们扣帽子，说他们"不听话""淘气""不成才"，等等。更不能以暴制暴，用打骂的方式令他们服从管教，这会深深地伤害孩子。妈妈应该学习一些教育方法，从而让他们听从管教。

多一份耐心，有一颗恒心

每一个孩子的成长都是一个漫长的过程。孩子刚出生后，需要妈妈每两个小时就要起夜一次喂奶；当孩子生病时，家长不顾白天黑夜，第一时间就带孩子去医院；等孩子长大一些，妈妈挑着花样做美食，为了让孩子多吃一点点……有了孩子之后，我们才知道养育孩子的不易。

孩子的成长，分为身体的成长以及精神层面的成长——前者是指身体的发育，后者则相对复杂，包括各种知识的学习以及价值观的形成，等等。为了孩子身体健康，长高长大，家长们千方百计、不厌其烦地做他想吃的东西，舍得花钱也舍得花时间。但是在孩子精神层面的成长方面，我们则没有那么多的耐心：当孩子不会数数的时候，我们会责备他；当孩子唐诗背不好的时候，我们会骂他太笨；当他不守规矩哭闹的时候，我们会感觉烦躁……

教育孩子，我们要多一份耐心，也要有一颗恒心。当孩子不守规矩哭闹发火的时候，我们不要马上感觉烦躁，马上想脱手不管，马上要举手投降，而是要积极应对，想办法解决。

做一个温和而坚定的妈妈

如何面对孩子的抵触情绪？如何面对孩子的哭闹以及发怒？解

决的办法就是：做一个温和而坚定的妈妈。当孩子有了情绪，妈妈要接纳，但这不意味着向孩子举手投降、无条件地答应他们的要求，而是坚持自己的原则，绝不允许孩子破坏规矩。时间一久，妈妈就能树立自己的权威，孩子也不会动辄以哭闹来逼迫妈妈投降。

所定的规矩超出孩子的能力他就无法执行

经常会有家长"诉苦"：我都跟孩子说了五六遍了，但他就是不听，你说这个孩子是不是太不听话了？

其实不是孩子不懂规矩，而是孩子本身具有太多的局限性。当孩子出现不听话的情形时，我们要探究孩子不服管教的原因，而不能一味地责骂孩子不守规矩。

一个妈妈曾经这样说自己的孩子：

我的孩子今年3岁了，非常不听话，有时候简直会把我气死。3岁这个年纪，我感觉给他看一些绘本会非常好，就给他买了四五本绘本，每天晚上给他讲一讲。用了两个多月的时间，我把这些绘本都给他讲完了，基本上书中一些内容，他都能背下来了。

我是在一家大型企业做文秘工作，平时工作比较忙，经常回到家也需要加班。我家孩子比较黏人，我加班的时候，他经常拿着绘本，让我讲给他听。这个时候我根本没时间顾及他，就会说："乖儿子，这些绘本妈妈都给你讲过了，你自己看半小时好不好，半小时之后，妈妈就去跟你玩。"每一次，儿子都是满口答应，结果没过3分钟，就又爬到我的身上，开始黏我。其实我只用半个小时就好，但是他自己看绘本连5分钟都坚持不了，实在太气人了。每次加班，我都得花费大量的时间和精力应付他，结果写的文件经常出错，经常被老板批评。

上面这位妈妈责怪孩子不听话，她让孩子自己去看绘本，只要半个小时就好，但是孩子自己看了两三分钟，就又开始黏着她，耽误她写文件。其实这不能完全怪孩子，她对孩子的要求已然超出了孩子的实际能力，孩子根本做不到，所以才会变得"不听话"。孩子年龄还小的时候，注意力能够集中的时间还非常短暂，让他自己看30分钟的绘本是不可能的，甚至说，10分钟他也坚持不到。所以，这位妈妈是"强人所难"，最后反而责怪孩子不听话。

我们在给孩子定规矩的时候，一定要考虑到孩子的年龄以及他的实际能力。可能一件事在我们成人看来非常容易，但是孩子根本就做不到。比如穿衣服，我们只用几秒钟就能穿好，但是让孩子自己穿衣服，不花费几分钟甚至十几分钟他根本穿不好。再比如小孩子还没有时间感和空间感，让他"等一会儿"，他根本不明白什么意思，我们必须先告诉他"一会儿"究竟是一个什么概念，他才能听懂。

在第3章，我们会介绍各个年龄段的孩子可以遵守哪些规矩。我们只有考虑到孩子的年龄以及他的实际能力，才能让孩子"听话"，并且愿意配合。

如果规矩仅仅利于家长孩子就会反抗

有很多家长都反映：我家孩子实在是不听话，跟他约定好的事，他总是反悔，不仅不执行，还反抗家长，你说气人不气人？

遇到这种情况，家长也需要反思一下，看看自己和孩子定规矩的时候，是否遵循了平等的原则，是否充分听取了孩子的意见，是否对孩子和家长都有益。有一些家长，总是以一种居高临下的姿势管控孩子，看似是给孩子定规矩，其实是在方便自己，约束孩子。这种时候，孩子能够敏感地感觉到父母是在"耍手段"，所以就不再执行，反抗这种不公平。

一位妈妈，曾经这样给儿子"定规矩"：

我的儿子上一年级，为了让儿子学习进步，我和儿子商量，每天放学回来，先写作业，写完作业后再看一小时的课本。如果儿子这一天内能够做到，我就奖赏他两块钱；如果他这一天内没有做到，我就扣他两块钱，最后等月底结算。

儿子一看有钱可赚，就痛快地答应了。

前两天，儿子执行得很好，每天认真写完作业之后，就开始温习或者预习课本，非常地用心。但是坚持到第3天，我感觉他有点松懈，看书不认真了，老是一边看一边摆弄铅笔。我感觉这样可不行，就警告他：你这样看书不算数，得重新计时，要不然我就扣你的钱。儿子听后有些不高兴，但是为了赚钱，还是忍了。

但到了星期六，我俩就发生了激烈的冲突。到了他本该写作业、看书的时间，他仍然在看电视。我有些不高兴地说："别看电视了，快点去看书，时间到了！"儿子也很不爽，冲我说："今天是星期六，我要歇一歇！"我说："我们约定好的，你要执行，不能毁约！"儿子顶嘴道："放假时间不用执行！"听到儿子顶嘴，我更不高兴了，就说："你要是不听话，我就扣你钱，等到了月底的时候，让你一分钱都拿不到！"没想听了我这句话，儿子竟然委屈地哭起来了，一边哭一边还冲我嚷："这不公平！"我听了也生气了，说："什么不公平，这不是我们俩商量好的吗？你当时不是也同意了吗？"儿子被我问得无话可说，仍是一边哭一边说："我不干了，我也不要你的钱了！"

这下可把我气坏了，你说这孩子多气人，我也是为了让他成绩好些，他竟然这么不懂事，自己承诺的事也不遵守，真是太不知好歹了！

上面这位妈妈，犯了3个错误：第一，她不应该用物质奖励的方式来激励孩子。这种方式，三五天内可能会起到一定的效果，但是时间一久，反而让孩子更加对学习失去兴趣。要想让孩子认真学习，就要多培养他学习的兴趣，让他在学习中得到快乐，而不是用外在的物质的东西来引诱他。第二，在定规矩的时候，妈妈没有考虑孩子的能力。一个上一年级的孩子，很难一下子坚持学习两个小时，这已经超出了他的能力。第三，这个规矩定得非常不公平。虽然孩子当时答应了，但是妈妈动辄以"扣钱"威胁孩子，让孩子无条件服从自己——这其实是在实行"专制"，而不是双方平等互利。所以孩子会感觉委屈，会反抗妈妈的规定，最后宣布"不干了"！

妈妈在和孩子定规矩的时候，千万不要把定规矩变成了自己管束孩子的工具。定规矩是一种教育手段，一种教育工具，但是它的实施，要遵循平等的原则，而不是对一方有利，对另一方非常不公平。如果妈妈总是自以为聪明地"耍孩子"，孩子一定能够敏感地感觉到，最终导致孩子激烈的反抗。

如果家长总是意见不一孩子就会置之不理

在给孩子定规矩的问题上，家长经常会意见不一，甚至产生非常大的矛盾。如果经常这样，就会让孩子无所适从，不知道听谁的好，还可能会让孩子"钻空子"，从而让所定的规矩付之东流，起不到半点作用。

尤其是那种和老人住在一起的家庭，他们见不得孩子哭闹，经常会护着孩子，从而让爸爸妈妈定的规矩无法产生效力。而孩子也聪明得很，等下次爸爸妈妈再给他定规矩的时候，他一旦不顺心，就会"搬救兵"，从而让爸爸妈妈的规矩无法实施下去。

下面我们来看两个案例。

案例一

4岁的明翰喜欢吃糖，经常糖不离嘴，一天能吃三十几块。妈妈担心他糖吃得太多会把牙齿吃坏了，也担心他摄入太多的糖分得肥胖症，就给他规定：一天只能吃5块糖。

当明翰吃够5块糖再去拿的时候，妈妈早把糖拿走了，他根本找不到。他让妈妈把糖给他，妈妈说："你已经吃够5块了，不能再吃了！"见妈妈就是不给他糖吃，明翰蹲在地上，"哇哇"地哭起来以示抗议。听明翰哭得这么伤心，妈妈虽然心里难受，但仍然忍住了，就是不把糖拿出来。明翰哭了一阵，见妈妈不为所动，估计也感觉无奈了，哭声渐渐小了。

这时候在房间睡觉的姥姥醒了，听到明翰的哭声，受不了了，出来问道："怎么啦？"明翰哭着说："妈妈不给我糖吃，把糖都收走了！"看着明翰哭得这么伤心，姥姥着急地说："快把糖拿出来，让孩子这么哭，得病了怎么办？"明翰看姥姥向着自己说话，便再次大声哭起来！妈妈说："您别管他，他吃这么多糖对身体不好，让他闹一会儿就没事了。"姥姥听了有些不高兴了，催促道："你快点把糖给他，你听孩子哭得多伤心，你这当妈的怎么就不心疼啊……"姥姥一边说，一边走过来摩挲着孩子安慰他："姥姥这就给你糖吃，妈妈要是不给你拿来，姥姥就带你去超市买。"

最后妈妈没办法，只能把糖拿出来给明翰吃。结果明翰依然每天吃三十几块糖，没多久就把牙齿吃坏了。

案例二

子川7岁，上小学一年级。他是一个电视迷，每天一放学，就打开电视机，没完没了地看起来，最后连作业都忘了写。到了周末，更是一整天都对着电视，吃饭都是把碗端到电视机前，一边吃一边看。

妈妈决定改变这种情况。她规定子川每天只能看半个小时的电视，其他时间可以看看书或者到小区里运动。妈妈的态度很坚决，子川没有办法，只能遵守。

子川的奶奶和子川家住得不远，每天都是奶奶去学校接他放学。奶奶非常疼爱孙子，她经常让子川去她家玩，但是子川觉得没意思，不愿意去。自从妈妈不让他看电视后，子川想出了一个办法。一天放学，他对奶奶说："奶奶，我妈不让我看电视，我去你家你让我看电视吗？你要是让我看，我每天放学后就都去你家，你要不让我看我就不去了。"奶奶巴不得孙子天天去自己家，马上就答应了。

从那以后，子川每天放学后都是到奶奶家"写作业"，直到很晚才回来。妈妈感觉挺满意，以为儿子不爱看电视了，结果等到了期中考试，语文、数学成绩都只考了四十几分，双双不及格。

在给孩子定规矩的时候，家长意见不一，会严重妨碍规矩的执行。就如案例一中，妈妈不让明翰吃糖，但是姥姥袒护他，逼妈妈把糖拿出来，结果让规矩执行不下去；而案例二中，子川知道奶奶喜欢自己，利用奶奶做掩护，继续看电视，也让规矩无法执行下去。此外，如果家长总是意见不一，甚至会因为教育问题形成矛盾、产生争吵，这就得不偿失了。

所以，在给孩子定规矩的时候，无论是爸爸妈妈、爷爷奶奶，还是姥爷姥姥，一定要"心往一处想，劲往一处使"，形成一致的意见，只有这样，才能让孩子对规矩产生敬畏，明白规矩是必须执行的，从而实现最佳的效果。

如果孩子耍赖吃到了甜头就会试探妈妈底线

有时候不得不说，孩子还是比较"狡猾"的。他们懂得察言观色，也善于试探家长的心理。妈妈在给孩子立规矩的时候，他们通常会试探一通，看看妈妈是否"来真的"，如果他们发现妈妈并不是那么坚决，就会通过耍赖的方式让妈妈让步，进而不断试探妈妈的底线。时间一久，孩子就摸清了妈妈的弱点，也找到了"应对"妈妈的方法，从而让妈妈所定的规矩根本执行不下去，妈妈作为家长的权威性也消失殆尽。

一位妈妈曾经这样说起自己的经历：

我的儿子今年7岁，上小学一年级。现在我根本就管不住他，他一点也不听我的话，甚至可以说，他完全摸清了我的弱点，找到了应对我的方法。

我是个比较心软的妈妈，见不得孩子哭，他一哭，我就投降了，无论提什么要求我都完全答应。小时候他要买玩具，如果我不同意，他就蹲在地上伤心地哭，尤其他爷爷奶奶在的时候，哭得更起劲。老人们心疼孩子，就劝我答应他的要求；而我看他哭得可怜也会心疼他，就会最终点头同意。结果让孩子形成了习惯，一不顺心就大哭大闹，直到我答应他为止。

等儿子长大一点，他的心眼就更多了，学会了"讨价还价"，而我每次都会中他的"圈套"。比如我限制他看电视，规定他每天只能看半小时，而他要求每天看一个小时，最后采取折中方案，每天可以看45分钟。事后我发觉自己被"算计"了，儿子在谈判中占到了"便宜"。

现在想起来，我以前的做法是完全错误的，我心疼孩子，把自己的底线一撤再撤，结果让孩子不断试探，不断向前跨。这就导致了我现在再想给他定规矩，他要么不听，要么讨价还价。

唉，要是以前我能够坚持原则，也不会导致现在这种局面！

家长在制定规矩的时候，一定要坚持自己的原则！一旦规矩制定好，就要坚决执行下去，而不要因为孩子哭闹、发火、用不吃饭威胁等原因让步。这事关家长的权威性问题，也事关孩子的教育问题。

如果家长没法坚持自己的底线，一退再退，就会让孩子尝到甜头。比如上文中的孩子，他通过哭闹的方式最终得到了自己想要的玩具，他就会想：原来通过大哭的方式妈妈就能让步，就能得到自己想要的东西！等到下次妈妈再次制定规矩的时候，他仍然会以大哭的方式来威胁，逼迫妈妈让步！如果孩子再次胜出，妈妈再次让步，孩子就会不断试探妈妈的底线，不断挑战妈妈的权威，最终让妈妈没法再管教下去。

如果规矩已经制定，而且制定得非常合理，那么就轻易不要更改，更不要因为孩子的逼迫而改变。家长只有坚持原则，才能让孩子明白制定的规矩必须遵守，才能杜绝他们讨价还价的心理。时间一久，他们就会变得遵守规矩，并且承认家长的权威性。

有时候孩子破坏规矩是为了引起家长的关注

孩子破坏规矩有很多种情况，有时候他只是感觉好玩，和你开个玩笑。比如你把水果放在小孩子手中，让他自己去吃，结果他直接把水果摔在地上。你再给他一个干净的水果，他又会摔在地上。这下你不给他了，他就开始哭闹。你告诉他，不能再把水果摔到地上了，他点头同意，结果你给了他，他就又把水果摔了出去。你开始生气地数落他，看着你生气的样子，他感觉好玩，"咯咯"地笑。他从你的态度中得到了一个新的游戏：只要我摔水果，妈妈就会生气，这真是太好玩了！

还有时候，孩子破坏规矩是为了引起家长的关注。当给孩子定下规矩后，孩子不仅不遵守，反而不停地哭闹、赖在地上、打人，等等，如果这样的行为一而再、再而三地发生，我们就需要反思一下：究竟是孩子不想遵守规矩，还是有其他的情况？是不是我们对他关注不够？

子文今年3岁。有一天妈妈陪她读绘本，一条微信发了过来，妈妈便打开来看。那是一条朋友发来的小文章，写得很有意思，妈妈不禁把注意力集中在手机上。这时候子文不干了，一把就把手机从妈妈手里抢了过去，使劲摔到了地上。妈妈手机的屏幕一下子摔裂了。看着被摔坏的手机，妈妈心疼坏了，朝着子文嚷道："我不是跟你说过不能摔手机吗？为什么你就是不听？"子文则跟没发生过这件事一样，拉着妈妈的手说："妈妈，我们一起继续读绘本吧。"

上面这位妈妈，本来是和孩子一起读绘本的，但是因为收到了微信，妈妈的关注点就脱离了孩子，而是去读微信的内容。这下孩子感受到了妈妈的不专注，所以就去抢妈妈的手机，进而把手机摔在地上。他这样做，是为了让妈妈把关注点放在他的身上。

对于此类情况，我们一定要注意。每个孩子都有一个最基本的愿望：我要爸爸妈妈关注我，把焦点放在我的身上！如果得到的仍是关注太少，他们就会故意破坏规矩，或者故意惹出事端，进而获得家长的关注。比如妈妈在一边给闺蜜打电话谈笑风生，而完全不去关注自己的孩子，他就可能会摔东西、哭闹，等等，这下妈妈就没法再谈下去。有时候家长会因为孩子的闯祸暴跳如雷，甚至会打孩子一顿，但是对于缺乏关注的孩子来说，他们宁可被打，也要吸引家长的注意力。

如果我们确定自己对孩子的关注并不少，但是孩子仍是为了吸引父母的注意一而再、再而三地破坏规矩、惹出事端，这种时候，我们就要注意一下：是不是我们的做法，"激励"了孩子的行为，从而让他一再重复。

　　4岁半的玉文不喜欢上幼儿园，每天早上都哭哭啼啼，拖延上幼儿园的时间。妈妈规定她7点钟必须起床，如果不起来，妈妈就会批评她。这天早上，妈妈催她起床，她哭着对妈妈说："妈妈，我肚子疼！"妈妈一听，就着急了，赶紧带她去医院，开了药之后，怕她不舒服，就请了假，一天都陪她，还买了好多她要吃的东西。过了几天，妈妈看她病好了，就让她第二天去上学，结果第二天早上，玉文又说肚子疼，妈妈就又让她在家待着不去上学。结果从那以后，玉文隔三岔五就肚子疼，到医院却查不出任何毛病。妈妈最后发现，她就是想通过这个借口待在家里。

　　上文中的玉文，她为什么老是装肚子疼？就是因为他从中得到了好处：第一，可以待在家里不去上学；第二，妈妈竭尽所能地陪着她，她想吃什么就给她买什么，把她当小皇帝一般看待。所以，她隔三岔五地就"肚子疼"，通过这个借口达到自己逃避上学、获得关注的目的。

　　遇到玉文这种情况，妈妈应该怎么做呢？

主动多关注孩子，不必让孩子靠争取才获得关注

孩子需要关注需要爱，爸爸妈妈要主动给予，而不是让孩子靠争取才能获得关注。只有这样，孩子才能获得健康的发展，而不是因为缺乏关注采而取极端的措施。

倾听孩子的心声，满足他的需求

小孩子缺乏表达能力，他有时候尤法说出自己的需求，而是用一些异常的行为来提醒家长。当孩子出现这种情况的时候，爸爸妈妈要多多倾听孩子的心声，满足他合理的需求。当他的内心得到满足，他就不会继续用这种异常的行为提醒家长。

让孩子从他异常、不当的行为中得不到好处

如果孩子从他异常、不当的行为中获得了好处，他就会经常出现这样的情况，逼家长把注意力集中在他身上，围着他转。如果我们确定他出现这些异常行为是为此，那就要让他得不到好处，从而不再陷入恶性循环之中——他得到的越多，要的就越多，而这种行为就会持续得越长。

第**3**章 不同年龄段的孩子，
需要遵守哪些规矩

——定规矩也要根据孩子的年龄

0~1岁的孩子应该学会遵守哪些规矩

对孩子来说，0~1岁可以说是他人生的初始阶段，是他人生的第一年。这时候的孩子，还是一个婴儿，还很弱小，可能除了吃、喝、拉、撒、睡以外，他能做的仅仅就是哭闹、蹬腿、吃手等活动了。这时候，他需要父母无微不至的照顾，需要父母给他喂奶、换尿布、哄他入睡……他离不开成人的照顾，否则就无法生存。

也许很多家长会奇怪，这么小的孩子，连最基本的说话、交流都不会，怎么给他定规矩？他能听得懂吗？在这么小的时候给他定规矩，是不是太早了呢？

的确，在孩子0~1岁的时候，他只能做一些本能的反应，还不能和父母交流，也无法明白父母在对他说什么。那么1岁孩子应该学会遵守哪些规矩呢？在这个阶段，虽然孩子还不明是非，也无法和家长交流，但是他们对家长的反应非常敏感。如果父母有意识地做一些事情，就可以让他们养成一些好的习惯。

育儿专家曾经做过这样一个研究，发现喂奶这件小事，对于孩子性格习惯的养成就能起到很大的作用：

> 当婴儿肚子饿了大声哭泣时，第一种家长急匆匆地冲好奶粉，第一时间让孩子吃奶，生怕孩子饿坏。第二种家长对孩子的哭泣不是很在意，任凭孩子躺在床上哭。第三种家长会温和地安慰孩子：妈妈正在冲奶，宝宝等一等，马上就有奶喝了。

> 结果等孩子长大之后，他们形成了截然不同的性格。第一种家长的孩子性格急躁，无论做什么，都容不得别人拖延，对方必须第一时间回应他。第二种家长的孩子缺乏安全感，做事畏首畏尾。而第三种家长的孩子既温和又坚强，他们懂得等待时机，也懂得在逆境之中坚持奋斗。

从上面的例子可以看出，即便孩子还小，家长的一些行为，也会对他们产生很大的影响。所以在孩子0～1岁的时候，妈妈也可以有意识地让孩子遵守一些规矩，从而养成好的行为习惯。

在孩子0～1岁的时候，他们可以遵守哪些习惯呢？

1.在孩子前3个月，妈妈要尽量满足孩子的所有需求。不过在吃奶方面，妈妈决定孩子吃什么，但是孩子可以决定自己吃多少。如果孩子不想再吃，他就可以不吃，不需要必须把一整瓶奶喝完。

2.当孩子出现掐人、抓人、打人的行为时，要对孩子说"不"，让他知道自己的行为需要受到限制和约束。

3.当孩子到了8个月大时，他的手脚变得很灵活，活动空间也会更大。这个阶段的孩子会不停地探索，比如去抓一些东西、把一些物品放在嘴里品尝，等等。妈妈应该鼓励他的一些尝试，但是绝不允许他接触一些危险用品。

4.妈妈可以适当陪孩子玩一会儿，但是如果孩子总是靠哭闹黏着妈妈，这样的做法是不允许的。

在教导0～1岁的孩子时，家长们并不会一帆风顺。这个时候的孩子还缺乏理解力，也不会那么好地配合家长。但是适时地让孩子遵守一些规矩，养成一些习惯，这对他以后的发展来说，还是会起很大作用的。

2～3岁的孩子应该学会遵守哪些规矩

当孩子进入2～3岁，和1岁的孩子相比，他们真的是发生了"天翻地覆"的变化：在以前，他们只是吃饭、啼哭和玩耍，有时候虽然有了一些自己的想法，但是还不能清晰地表达自己。但是自从进入2～3岁，他们身体方面变得更加强壮了，在语言方面，也能够和父母进行更多的交流了。

当然，变化最大的是他们有了自己的主见和想法，不再那么"好哄"：他们不再吃饱喝足就满意地去玩耍；他们不再是家长心中的"小乖乖"，而是经常调皮捣蛋，甚至经常搞破坏；他们不再父母说什么就听从，而是经常向父母说"不"；甚至在不满意的时候，还会打滚撒泼、大吼大叫。这一阶段的孩子，是非常难管教的。有人说：3岁孩子总是和大人对着干，那么，这时的妈妈该怎么办？

对于此阶段的孩子来说，他们还不能分辨是非对错，但是父母如果能强化某个行为，就能让他们养成一些好的习惯。所以，孩子在2～3的时候，虽然比以前难管，但是也是教育孩子非常重要的时期。如果家长在这一阶段能够给予孩子良好的教育，对于孩子的成长，会有非常积极的作用。

在孩子2～3岁的时候，他们可以遵守哪些规矩呢？

1．这一阶段的孩子身体更加强壮，会跑会走，活动范围也变得更大。这时候，他们的兴趣非常广泛，无论是在家里，还是在外面，都会尽情尽兴地疯玩。在这种时候，要告诉孩子一些安全知识，比如"红灯停、绿灯行"，不在马路边玩耍，不摸电门，等等。

2．教授孩子一些生活技能和习惯，比如自己穿衣脱裤，不挑食、不偏食，多吃蔬菜和水果，按时洗澡睡觉，等等。

3．教授孩子一些社交礼仪，比如不抢小朋友的玩具，不打小朋友，在和大家一起吃饭的时候不能大吵大闹、拿着食物乱跑，懂得见面的时候向人问好、道别的时候说"再见"，等等。

4．告诉孩子要会表达自己，而不是发泄情绪。这个时间段的孩子比较"难管"，他们处在第一个叛逆期，经常用大吵大闹、发脾气等方式来逼迫父母满足自己，而不是用平和表达的方式。父母要教会孩子表达自己，并且告诉他们控制情绪的方法。

4～6岁的孩子应该学会遵守哪些规矩

当孩子进入4～6岁这个阶段，他们的变化就更大了。这个阶段，基本上孩子都已经上了幼儿园，他们的社交能力不断发展，也更加专注于游戏和各种活动。他们的智力水平也比以前提升了很多，他们已经了解自己缺少什么以及想要什么，一些孩子甚至会通过撒谎来获得自己想要的东西。另外，5岁大的孩子，基本上能够领会父母的具体要求，他们开始尝试着从别人的角度考虑问题，也能够理解对方的感受。在这一阶段，大部分孩子已经学会了控制自己的情绪，虽然他们还是会哭闹乃至发脾气，但是他们在一定程度上，已经能够控制自己的冲动行为了。

在孩子4～5岁的时候，他们可以学会遵守哪些规矩呢？

1. 让孩子学会团结协作，与小朋友友好相处，讲文明、讲礼貌，不讲脏话，热情帮助他人，乐意与小朋友分享玩具和图书，等等。

2. 教授孩子自我管理的能力，比如遵守游戏规则，玩完玩具之后放回原处，按时起床上幼儿园，玩游戏的时间要节制，等等。

3．培养孩子良好的品质，告诉孩子不说谎，做错事要勇于承认，敢于向对方道歉，等等。

4．做一些能力所及的家务，比如饭前拿碗筷，帮忙浇花，帮忙扫地、洗手帕、叠被子，等等。

7岁以上的小学生应该学会遵守哪些规矩

当孩子进入7岁这个年龄段，意味着他们就要上小学了。这对孩子来说是一个重大变化，他们要面对不同的环境，学业压力也会加重。而对于家长来说，也会经历一些变化，一定要关心孩子的成长，在孩子生活、学习方面给予一些必要的支持，同时要给他们一些好的教育，让他们更健康地成长。

那么，7岁及7岁以上的小学生，要学会遵守哪些规矩呢？

1. 在生活方面，要有自理能力，比如清洗自己的衣服、袜子、鞋子，等等；另外，要养成做家务的好习惯，能够帮助家长打扫房间、收拾桌子碗筷，等等。

2. 在学习方面，养成上课不迟到、放学后能够独立完成作业的好习惯，并且能够控制看电视的时间，不因为贪图看动画片而晚睡、早上赖床。

3. 学会遵守纪律，比如上课不乱讲话，发言先举手，到公共场合不乱跑打闹打扰其他人，到旅游景点旅游不乱涂乱画破坏公物，等等。

4. 养成良好的品格。教育孩子不撒谎、不偷东西、不抄袭作业、不欺负他人，等等。

对于孩子来说，小学阶段是一个重要的阶段，对于孩子各种习惯的养成有着重要的影响。家长不能只关注孩子的学习，更要重点培养孩子的习惯及能力，比如运动习惯、自理能力，等等。如果在这个阶段，家长能够让孩子养成各种良好的习惯，他们在以后的发展中将会受益无穷。

第**4**章　蹲下来用爱和孩子说规矩

——给孩子定规矩的前提

给孩子定规矩也需要前提条件

在前面的章节，我们讲解了给孩子定规矩的重要性，也介绍了不同年龄的孩子应该遵守哪些规矩。但是要给孩子定规矩，也有一些前提条件，那就是首先要爱孩子，而不是仅仅为了方便自己，用规矩来约束和惩罚孩子。

一位妈妈曾经这样回忆道：

很多时候，孩子都会把我气得怒火中烧，完全控制不住自己。就在前些日子，我又一次惩罚了儿子。那天已经晚上9点多钟，儿子还没有写完作业。我在单位忙了一天，感觉非常累，恨不得马上上床睡觉，但是学校规定，孩子写完作业之后家长要签字，所以我还得等他。

我感觉自己在沙发上都快睡着了，完全进入了恍惚的状态。突然，"啪"的一声响，把我惊醒了。我睁眼一看，是儿子的玩具掉在了地上。我的脾气一下子起来了，他这样让我苦等，不仅自己不着急，居然还玩玩具！我把玩具一把抢了过来，大声喊道："以后你所有的玩具我要锁到箱子里，你不准再玩！"儿子被我吓到了，吃惊地看着我。我感觉还不解气："从今以后，你也不许再看电视，每天吃完饭，就给我老老实实写作业。如果你再写到这么晚，就别吃饭了，什么时候写完什么时候再吃！"

看我这样朝他大吼大叫，孩子吓得哭起来，趴在桌子上抹眼泪。我看他哭，就更生气了，吼道："哭什么哭！赶紧给我写作业，再写不完，就别找我签字了！"儿子一边抹眼泪一边写作业，还不时抽泣两声。

等到第二天，我真的把儿子的玩具锁到了箱子里，我认为这些东西会让儿子写作业分心，所以他才写不完。儿子想看电视，我也坚决不允许，他跟我吵过两次、哭过两次后，就不再提看电视的事了。从那以后，儿子写作业确实快了，我也为自己给他定了这些规矩而沾沾自喜，但是我俩的关系却似乎疏远起来，儿子不愿意跟我说话，甚至我跟他说话也是爱理不理。

事后，我对这件事进行反思，觉得自己做得有些过分。儿子一边写作业一边玩玩具，我确实应该对他进行批评和教育，但是不能把自己的情绪发泄到他的身上。另外，我定的不准玩玩具、不准看电视这些规矩，完全没有听一下孩子的意见，而是强行让他遵守，这就完全不是在定规矩，而是在惩罚孩子了。

　　给孩子定规矩也是有前提的，那就是首先要爱孩子。给孩子定规矩，是为了让他变得更好，而不是为了惩罚他。很多时候，妈妈都会对孩子大吼大叫，责备乃至惩罚孩子，跟他说"你再不写作业，我就罚你不准吃饭"，"你再上学迟到，我就把你的零花钱扣掉"……这样给孩子定规矩是一种威胁，是一种惩罚，而不是一种让孩子变得更好的方法。

　　所以，给孩子定规矩也是要有"讲究"的。下面，我们就介绍一下，在给孩子定规矩之前具体应该做到哪些。

要学会接纳你的孩子

也许在工作和生活中，你经常会遇到这样的事情：

　　你的爱人在做早餐的时候，不小心把牛奶洒在了地上；

　　你的朋友和你相约吃饭，却因为其他原因脱不开身只能改时间；

　　你的下属给你的稿子，你发现了四五个错别字；

　　……

遇到上面这样的事情，我相信你多半会原谅对方，因为你明白，人非圣贤，孰能无错？甚至你自己，也会经常犯错，你会上班迟到，也会忘了把报表按时交给上级，爱人让你做的一些事情你也会因为各种原因而忘记了……

我们能原谅很多人的错误，但是对于自己的孩子，却缺乏接纳和宽容。当孩子把饭菜撒在地上的时候，我们会对孩子大吼："你就不能小心点吗？"当孩子因为贪玩忘了写作业的时候，我们会责备孩子："你就知道玩！你看看人家××学习多好，你就不能学习人家吗？"当孩子把玩具扔得满地都是的时候，我们会威胁孩子："你再不把玩具收拾好，你以后就别想再玩！"当孩子晚上10点了仍在看动画片的时候，我们会责骂孩子："我限你在5分钟之内上床睡觉，要不然会有你好看！"……

上面的这些情况，是不是经常发生在我们身上？甚至上面的这些话语，都是从我们口中说出的。为什么我们能够接纳他人的错误行为，但是对于自己的孩子，却要求如此之苛刻？

我们给孩子定规矩是培养或者纠正他的一些习惯，让他变得更好，但是在定规矩之前，我们要学会宽容和接纳。孩子就是孩子，他还没有长大，没有成熟，仍然会犯这样或者那样的错误。我们不能看到孩子犯了一点点错，就立马如临大敌，恨不得马上用定规矩的方式约束他，让他一秒钟就改正过来。我们要给孩子犯错的机会，也要接纳他的不成熟，让他逐渐成长起来。

接纳孩子，是爱孩子的一种体现。在给孩子定规矩之前，我们首先要学会接纳孩子。

学会倾听孩子的心声

在和孩子相处乃至在教育孩子的过程中，我们要学会倾听孩子的心声。了解自己的孩子是爱孩子的一种具体表现，也是给孩子施教的前提。如果家长根本不知道孩子在想什么、做什么，而仅仅是给孩子定规矩进行约束，那就是南辕北辙，根本起不到积极的作用。

一位"二孩"妈妈，曾说起发生在自己身上的事：

我有两个孩子，大宝已经4岁，上了幼儿园；二宝才3个月，我休假在家照顾二宝。

大宝以前非常乖，跟我的感情也非常好。但是自从有了二宝之后，我发现她变得调皮了。有时候她放学回来，我正在给二宝吃奶，她就在屋子里大喊大叫："妈妈，我今天……"我怕吵到二宝，就制止她："你到客厅去玩。没看到我给你妹妹喂奶吗？"她就不情愿地走出屋子去客厅了。

但是没过两分钟，客厅就跟开了锅一般，先是玩具"噼里啪啦"地摔在地上，接着我又听到她从沙发上往下跳。我赶紧跑到客厅，对她喊道："不许踩沙发！赶紧把玩具给我收拾好！"见她变得老实了，我就回屋继续给二宝喂奶，结果没等一会儿，她在客厅就又开始折腾了。我有些生气了，冲到客厅："你这孩子怎么这么不听话？你没看到我在喂你妹妹吗？你就不能给我老实一会儿吗？"我用手指着书房，对她说："你马上去书房看书，一个小时之内不许出来！"大宝悻悻地去了书房，我接着给二宝喂奶。

这样的情况，基本上每天都会发生。以前乖巧的大宝不知道怎么回事，变得非常调皮淘气，处处跟我对着干。因此，我给她定了很多规矩，比如给妹妹喂奶的时候不许跟我说话；放学回来不能在客厅大吵大闹，要去书房待着；玩玩具的时候不能发出声响吵醒妹妹，否则就不许再玩玩具……

随着一天天过去，我定的规矩越来越多，但是大宝的问题也越来越多……

给孩子定规矩，不是所有的问题都能解决，如果没有倾听孩子的心声，而仅仅是用规矩压制孩子、约束孩子，甚至会起到相反的作用，让孩子的问题变得越来越多。

上文中的大宝，不是她变得淘气了、爱跟妈妈作对，而是她想获得妈妈的关注，希望妈妈不要把全部的心思都放在妹妹身上。在没有二宝之前，妈妈所有的爱都集中在她一个人身上。而当有了二宝，妈妈大部分的心思和精力都集中在二宝身上，这让她有些不适应，也让她有了担心：是不是妹妹才是妈妈最爱的人？是不是妈妈不再关心我了？所以，她经常调皮捣蛋，想从中获得妈妈的一些关注，哪怕被批评被责骂，但是只要获得了妈妈的关注，那就达到了自己的目的。

上面这位妈妈没有倾听孩子的心声，她不仅没有满足孩子的需求，反而不断通过定规矩的方式限制乃至惩罚孩子，这对孩子来说，无异于一种残酷的打击。所以当孩子出现一些问题的时候，我们不能马上就责备孩子，也不能马上就通过定规矩的方式限制纠正孩子，而是要学会倾听，找找他出现这些行为背后的原因。只有这样，我们才能更好地教育孩子，让他变得更好。

多鼓励孩子，多注意孩子的优点

我们中国的家长，似乎有一个通病：我们更容易去关注孩子的错误以及缺点，对于孩子的优点则习惯视而不见。我们习惯盯着孩子的不足之处，然后用定规矩、批评责备等方式纠正孩子，认为这才是教育，才会让孩子变得更好。

也许大家都看过下面这则小故事：

一个孩子开始考了90分。他非常高兴，拿着卷子一路小跑回到家。考了这样的成绩，他觉得爸爸妈妈一定会表扬他。

他把卷子给了妈妈，满以为妈妈会说一些表扬的话，结果妈妈却对他说道："你要加油学习了，你还差10分才能拿满分！快回屋去学习吧，以后不要看电视了！"

上面这样的例子，在生活中经常发生。我们以为对孩子苛刻是希望他能不断看到自己的不足，从而不断进步，变得更好。这样的想法不错，但是对于孩子来说，这样做却是非常"冰冷"甚至残酷的教育方式。试想一下，如果你在工作中十分努力，做得已经足够好，但是你的老板仍然是吹毛求疵，你还有工作的积极性吗？

对于孩子来说，他们是极度渴望父母的鼓励以及认可的。一个经常得到认可和鼓励的孩子，会变得自信、独立，对于新鲜的事物，也愿意尝试，即使遭受了挫折，也不会放弃，因为他对自己充满了信心。相反，如果一个孩子在父母的批评和质疑中长大，他会丧失自信，变得畏首畏尾，不敢再进行尝试，因为害怕自己会做错。

孩子终究是孩子，他们年龄还小，还不成熟，还会犯这样那样的错误。我们要充分认识这一点，对他们包容、理解，鼓励他多尝试，也多给他们犯错改正的机会。

一位妈妈曾经在日记中写道：

儿子刚上小学一年级的时候，根本不懂什么是"作业"。他在幼儿园玩儿习惯了，一放学，就尽情去玩耍了。我问他："老师没有留作业吗？"他有些懵懂地说："老师没和我说要写作业。"儿子一向不撒谎，我也比较相信他的话，就没有再追问。结果第二天老师告诉我，儿子没有写作业。

等儿子放学回来，我又问儿子："今天老师留作业了吗？"儿子有些磕磕巴巴地说："好像是让写作业，可以我没记住。"我说："妈妈有老师的电话，你可以给老师打个电话问一下。"儿子给老师打了电话，然后就去写作业了。

接下来十几天，儿子不是忘了老师留了什么作业，就是忘了写。偶尔两天表现比较好，也是把字写得歪歪扭扭，一点都不认真。

我和周围的一些家长沟通，发现他们都很重视这件事，有的家长还给孩子定了规矩，几点到几点，专门是写作业的时间，不能看电视也不能玩。有的家长甚至还"陪写"，坐在一旁进行监督。

我不认为这件事很严重。孩子年龄还小，仅仅上了十几天小学，一切都是新的开始，犯一些错也是可以理解的。我没有像其他家长一样，给孩子定规矩或者监督他，而是仅仅给了他一些建议，比如把老师留的作业记在小纸条上，或者忘了留的是什么就给老师或者同学打电话询问一下。当他表现比较好的时候，我会适当鼓励一下，比如表扬他某个字写得很认真之类的。

大约过了一个月，在写作业这件事上，儿子完全进入正轨，既不用我提醒，也不用我"陪写"，更不用我监督，就能把作业工工整整地写完。

上面这位妈妈做得非常好。当孩子出现了问题，她没有马上就提出批评，或者通过定规矩的方式进行纠正，而是选择了相信和等待。他相信孩子能够自己解决这些问题，便仅仅给了一些建议，也给了一些鼓励和支持，然后让孩子自己进行调整。最终，孩子也没有让他失望，不用妈妈帮助就能把作业独立完成。

就给孩子定规矩而言，鼓励和认可也是必不可少的前提条件之一。我们要多注意孩子的优点，给他们尝试和犯错的机会，而不是只盯着他们的不足，一旦犯错就马上用定规矩的方式来纠正。当孩子出现一些问题，我们要进行判断：这是因为孩子年龄小、能力不足造成的，还是问题已经很严重，会影响孩子的成长。如果是前者，可以给他们一些建议，然后让他们大胆尝试；如果是后者，可以通过定规矩的方式帮孩子改正。

第 **5** 章　给孩子定规矩的四大原则

——定规矩一定要遵循这些原则

第一条原则：不带情绪

前面我们已经讲过，在定规矩之前，要学会接纳孩子，容忍他的一些错误；也要学会倾听孩子的心声，看看问题具体出现在哪里；还要学会鼓励孩子，多注意孩子的优点，让他变得自信、独立、敢于尝试。而如果上述几件事你都做了，但是孩子依然为所欲为，完全不进行自我改正，那就要通过定规矩的方式来约束他了。

在给孩子定规矩的时候，有四大原则。第一个原则就是在给孩子定规矩的时候，不能带着情绪。

凯文上小学三年级，是一个贪玩的孩子。在课堂上，他经常搞小动作，逗同学玩，根本不听讲；放学后，一到家就把书包一扔，没完没了地去看动画片了。因为贪玩，他的学习成绩非常糟糕，经常不及格。他的父母也管过他，但是他根本听不进去，依然我行我素。

这次期中考试，凯文的语文考了58分，数学成绩则更是可怜，只考了45分。班主任对凯文的学习情况非常担忧，和凯文的妈妈说了他的考试情况，并且希望以后多多沟通，大家一起努力把凯文的学习成绩搞上去。

凯文妈妈刚放下老师打来的电话，就看到凯文拿着双双不及格的试卷走过来。凯文妈妈本来就心情不好，一看到凯文，马上吼道："你们老师给我打电话了，你语文、数学都没考及格！以后放学回家，你不准看电视，也不许出去玩，给我老老实实待在家里看书！"

看到妈妈发了这么大的脾气，凯文有些害怕，乖乖地躲到屋里，把书拿出来学习。但是仅仅看了二十几分钟，他就坐不住了，想出去看会儿电视。他轻轻地把房门打开，发现妈妈在厨房做饭，就悄悄地溜到客厅，把电视机打开，看了起来。

他看得正过瘾，突然听到妈妈吼道："你考这么点分，还敢出来看电视！赶紧给我回屋，我不让你出来你就不准出来！再让我看到你出屋，别怪我对你不客气！"

妈妈盯着凯文回到房间，以后每隔10分钟，她就要到屋里去看看，如果看到凯文在偷偷玩耍，就把凯文狠狠骂上一通——凯文考试语文、数学双双不及格，实在是把她气坏了！

对于凯文这样的孩子，是否应该给他制定规矩，约束他的一些行为呢？这是毋庸置疑的。凯文因为贪玩，已经影响到他的学业了，妈妈应该及早定一些规矩，让他多放些时间和精力在学习上。除此之外，妈妈还应该多和老师沟通，尽可能地给凯文提供一些帮助，让他重新点燃对于学习的热情。

上文中的妈妈，看似也在给孩子定规矩，但是她的做法却是不对的。首先，她在发现儿子因为贪玩影响成绩之初，就应该给儿子定一些规矩，这样就不至于让他越走越远，完全丧失了对于学习的热情。其次，她给儿子定规矩，不是本着解决问题的原则，而是为了发泄情绪。儿子语文、数学考试双双不及格，这让她非常愤怒，所以当儿子一回到家，她便急风暴雨式地责备儿子，并且强行要求他进屋学习。这样的教育方式，很难起到好的效果。

我们在给孩子定规矩的时候，要心平气和，而不是带着情绪强行勒令孩子应该如何如何做。如果我们带着情绪给孩子定规矩，那不是为了让孩子发现问题改正问题，而是某种形式的自我发泄——这就变成了对孩子的一种惩罚——这对孩子是有害无益的。上文中的凯文为什么会害怕妈妈？是因为他感觉到了妈妈的愤怒，感觉到了她要惩罚自己，把自己当成出气筒。所以，如果我们想要解决问题，就要控制自己的情绪，等到心平气和的时候，再给孩子定规矩。这样，才能真正达到解决问题的目的。

第二条原则：对事不对人，不要体罚孩子

在给孩子制定规矩或者要求孩子遵守规矩的时候，我们家长要遵守第二个原则：对事不对人，不要体罚孩子。

很多时候，孩子顽皮或者不遵守制定好的规则，会惹我们生气。一些脾气暴躁的家长，更是会吼叫甚至体罚孩子。这样的做法，是非常错误的，因为体罚通常只会起到两种作用：第一种，激发孩子的反抗，从而更加不服从管教。第二种，让孩子变得胆小、懦弱、失去自信心和积极性。所以，我们无论是在给孩子制定规则还是要求孩子遵守规则的时候，一定不要体罚孩子。

遇到上述情况，可以提醒或者批评孩子吗？当时是可以的，只要做到对事不对人，就完全不会伤害到孩子，也能够起到积极的作用。

一位爸爸曾经非常有感触地说道：

我经常会和儿子发生争吵，甚至会动手打他。有一天晚

上，都11点钟了，他还没写完作业。我去书房看了他一下，发现他根本没有在写，而是在玩手机。当时我就快气炸了："我跟你说过多少次了，别一边写一边玩儿，我说的话你一点没记住吗?!"因为没有控制住情绪，我抓起他的作业本就撕碎了，还狠狠地打了他一巴掌。

这件事发生之后，儿子写作业似乎快了一些，但是总是闷闷不乐的，总是躲着我，也不愿意和我多说话。

上文中的爸爸，因为孩子没有遵守规矩打了他，这一巴掌似乎把问题"解决"了，孩子写作业比以前快了一些，但是所产生的问题却是比写作业慢更严重的：孩子从此精神萎靡不振，和父亲也不再亲密，甚至有些躲闪。

打骂孩子，对孩子的影响是非常负面和消极的。如果经常有这样的方式，会让孩子的童年蒙上阴影，甚至一生都无法摆脱这种消极的影响。一位女性，已经结婚生子，但是回忆起自己的童年，仍然心有余悸。她说："我爸爸和我妈妈经常打我、骂我，说我笨，说我不争气。现在过去了这么多年，我还经常在梦中梦到他们打我的场景，然后就吓醒了。虽然他们是我最亲的人，但是我始终无法产生亲密感，甚至不想和他们待在一起。"

既然不可以使用打骂的方式，那孩子做错事或者不遵守规则的时候，家长应该怎么做呢？

可以提醒孩子、纠正孩子，也可以批评孩子，甚至可以对他进行惩罚，但前提是对事不对人——只是针对他的行为，而不是他本身。

比如上文中的那位父亲，他可以使用很多种方法：

1．进行提醒：现在已经11点钟了，你还没有写完作业，而且你写作业的时候还在玩手机。

2．进行纠正：我们以前是有过约定的，写作业的时候不能边写边玩。你应该遵守我们之间的约定。

3．进行惩罚：如果孩子总是不遵守和父母之间的约定，在数次提醒之后仍然不遵守，父母是可以采取一些"惩罚"措施的。当然，这种惩罚的方式不是体罚。比如孩子总是边写作业边玩手机，在数次提醒之后仍然无效，父母可以没收他的手机作为惩罚。

第三条原则：树立权威

现在的家长更愿意放下架子，选择和孩子做朋友。这样的想法及做法是很正确的。和孩子做朋友、做哥们儿或者做闺蜜，可以让孩子更愿意吐露心声，把心底的话告诉家长。这样，家长就更能懂自己的孩子——而读懂孩子是施教的前提。很多教育专家都曾说过：遇到一对懂自己的好父母是孩子一生的福气。

和孩子做朋友固然是一件好事，但是家长也要懂得树立界限——在哪些方面，父母可以和孩子像朋友一样无话不谈，而在另外一些方面，父母也要树立自己的权威，让孩子能够遵从自己所定的规矩。

一位妈妈曾经这样说过：

我和儿子，既是母子关系，也是朋友关系。在他还小的时候，我们就无话不谈。我姓徐，他不叫我妈妈，而是叫我"老徐"——我老公也是这样叫我，儿子很快就学会了，也这样跟着叫。和儿子在一起，我没有架子，也不会动不动就乱发脾气，而是尽量做到温和相待。儿子经常把心底的秘密跟说我，也会向我倾诉一些心中的烦恼。就连他暗恋某个女孩的事也告诉了我。

但是在另一方面，他也非常尊敬我，我所定的一些规矩，他会遵守，而不是跟我对着干。比如在他七八岁的时候，我让他帮我做一些家务，他会遵守我们的约定，按时倒垃圾，或者洗碗筷、端饭之类。

既是朋友又是妈妈，我是如何做到的？秘诀就是做到温和坚定，给孩子爱、自由、尊重，同时也要树立界限。我尽量不朝孩子发火、大吼大叫，即使在很生气的时候，我不去过多约束他，一些事情也是尽量和他商量，尊重他的选择。但是在一些原则的问题上，我会非常坚持，不对他让步——当然，我不是靠吼叫、打骂等方式逼迫他就范，而是做到温和坚定。孩子是非常懂得"看脸色"的，当他看到你非常坚定和坚持的时候，他也会尊重你，服从你们之间的约定。

就这样，时间久了，孩子非常清晰地知道了彼此的界限，他就不会再靠撒娇、哭闹等方式逼家长让步。

上面这位妈妈，她的做法非常值得我们学习。我们在给孩子制定规则的时候，孩子不会立马就完全遵从，而一定会试探父母的底线，甚至会通过撒娇、哭闹的方式逼迫家长让步。如果家长看到孩子痛哭流涕的样子心疼或者觉得太烦，从而进行了让步，那孩子以后还会继续破坏规矩，因为他尝到了甜头，知道自己只要通过哭闹、撒泼的方式，就能逼家长就范，从而得到自己想要的东西。

在这种时候，家长一定要做到温和坚定，不能朝孩子乱发脾气，或者打骂孩子，而是应该坚定地把规矩说给孩子，在温和中又不容讨价还价。这样家长就能树立自己的权威，让孩子既感觉亲密，又充满尊敬。

第四条原则：前后一致

给孩子定规矩，要遵循前后一致的原则。规矩一旦确定下来，就应该让孩子严格遵守、认真执行，而不给孩子"讨价还价"的机会。家庭成员之间，也应该态度一致，而不是意见不一，或者为了宠溺孩子而给他破坏规矩的机会。

事例1：育红上小学三年级，平时成绩挺不错，在班里一直名列前茅。但是这次期中考试，育红的成绩非常不理想，尤其是数学，仅仅得了及格分。妈妈看着成绩单有些着急，对育红说："以后你可得加把劲了，我们来制订一下后半学期的学习计划吧。"妈妈和育红一起制订了学习计划，包括每天花多少时间写作业、花多少时间复习功课，等等。自从制订学习计划之后，育红很自觉地执行，每天都很好地完成了制订的计划。

前段时间，育红的学校又进行了一次小测验。结果育红发挥非常好，位列全班第二名——这是她以前从没有过的好名次，看来学习计划真的起到了很好的作用。放学回来，妈妈看着育红的成绩单，说："真是太好了，取得这样的好成绩，妈妈要给你庆祝庆祝，今天咱们别在家吃了，咱们全家一起到饭店好好吃一顿。"育红说："妈妈，咱们别去了，我今天的学习计划还没完成，我今天还要复习功课呢。"妈妈不以为然地说："得了得了，你这学习成绩不是上来了吗？赶紧放松放松，这两个星期妈妈允许你尽情玩，爱怎么玩就怎么玩。"见女儿不肯跟她走，妈妈拉着女儿说："快走吧，快走吧，妈妈这不是给你放假了吗？等你玩够了，再执行那个学习计划就成了。"

事例2：5岁的小康每次玩完玩具，都是扔在地上不管，等妈妈来收拾。妈妈给小康制定规矩：以后玩完玩具，小康需要自己收拾好，否则妈妈就要把玩具没收，不许他再玩。对于妈妈制定的这个规矩，小康同意了。但是下次玩玩具的时候，他仍是不收拾。妈妈提醒他说：我看到玩具还扔在地上。妈妈提醒了3次，小康仍是假装没听见。

妈妈没有说什么，而是直接收起了玩具。等下次小康再想玩的时候，妈妈不再给他玩。小康哭闹起来，想用这种方式逼妈妈就范。但是妈妈不为所动，严格执行之前制定的规矩。小康见妈妈始终不给自己玩具，就哭得更厉害了。这时候，奶奶从屋里走了出来，对妈妈说："孩子都哭成这样了，你快把玩具给他吧。"妈妈说："他没有遵守规矩，不能给他玩儿。"奶奶有些不高兴地说："孙子，咱们走，你妈不给你玩儿，奶奶给你买新的。"说完拉起了哭闹的小康，出了门。

上面两个事例中，家长的教育都没有做到一致性：案例一中的妈妈，自己和女儿一起制定的规矩，女儿一直在遵守，而她自己却进行了破坏。这样就给女儿树立了不好的榜样，等她再制定规矩的时候，女儿也可能就不再认真执行了，因为她看到妈妈都不把定好的规矩当一回事。而案例二中，奶奶宠溺孙子，带头破坏妈妈定好的规矩——有了奶奶做"保护伞"，妈妈就没法给儿子制定规矩，从而也就无法对儿子的一些不好的行为进行约束。

仅仅给孩子定规矩是不够的，更重要的是执行。所以当规矩制定好之后，要前后保持一致，严格遵守、严格执行；而且全家人对于规矩的态度也要一致。只有这样，制定的规矩才能起到良好的作用。

也许有的家长会问：是不是规矩制定好了之后就不允许更改了？当然不是。规矩是可以调整和修改的，但是不能随心所欲地调整和修改，而是因为制定的规矩中有一些已经不合时宜，需要调整或者修改。比如妈妈和儿子约定好，周日大家一起大扫除。但是不久之后，儿子报了一个钢琴班，没法参加全家的大扫除了。这时候，定好的规矩就要进行调整了，或者改成周六大扫除，或者不再让儿子参加，而是给他分配一些其他的家务活儿。

第**6**章　这样给孩子定规矩，孩子更愿意合作

——给孩子定规矩的方法

定规矩方法1：
和孩子进行商量而不是独断

前面我们讲了给孩子制定规矩的前提以及原则，接下来就讲更重要的部分：给孩子定规矩的方法。

本小节介绍给孩子定规矩的方法：和孩子进行商量，而不是独断。

作为公司员工，我们都有这样的经历：在某个项目组里面，要制定某个制度，但是你的上级和同事们根本没让你发表意见，甚至根本没告诉你要制定这些制度，而仅仅是在制度已经制定好之后，告诉你：以后要这样做，这些制度一定要遵守。在这种时候，你多多少少会有抵触情绪，因为他们根本没有让你参与，也没有尊重你的意见。但是假如在制定一些制度的时候，大家充分听取了你的意见及建议，在这种情况下，你会严格遵守你们一起制定的制度，而且心甘情愿。

一样的道理，在制定规矩的时候，我们如果充分尊重自己的孩子，让他们参与到规则制定之中，那他们会更愿意遵守一起制定的规则。反之，如果家长根本不听取孩子的建议，也不允许他们一起参与规则制定，那他们一定会充满抵触情绪，不愿意遵循这些规则。

也许有的家长会问：一两岁的孩子还不懂事，他们根本不能参与规则制定。的确，年龄还小的宝宝，自然还不能参与规则的制定。但是当孩子到了学龄前，他们就能够主动参与了。在制定规则的时候，他们本身的点子和建议越多，他们就越愿意遵守所制定的规则。

在让孩子参与的时候，可以提一些开放性的问题，或者进行一些引导，从而让他们有更好的建议和想法。妈妈可以让孩子多列一些方案，然后从中选择最好的一个，或者对这些进行优化和中和，从而让大家都能接受。

5岁的田琦是个活泼的小姑娘。在前些天，妈妈给她报了一个舞蹈班，她喜欢得不得了，每天从舞蹈班回来，都要放着音乐跳上半个小时。而她回来跳舞的时间，正好是2岁多的妹妹睡觉的时间。她一放音乐，妹妹就被吵醒了，然后不停地哭。妈妈让田琦不要这个时间放音乐跳舞，但是田琦正在兴头上呢，根本不接受妈妈的建议。于是，妈妈和田琦商量：我们来选择一个大家都能接受的办法。她让田琦自己想，都有哪些方法可以解决打扰妹妹睡觉这个问题。

田琦想了好一会儿，把想到的办法都说了出来：

1.不让妹妹这个时间睡觉，一起来玩。

2.自己声音轻一点，不吵醒妹妹。

3.自己到楼下去跳舞。

4.等妹妹醒了一起跳舞。

田琦想了4个办法，然后和妈妈一起商量。妈妈说："我们来一个一个商量，看哪个最好。"妈妈接着说："先看第一个，不让妹妹这个时间睡觉，一起来玩，这个办法好是好，但是妹妹习惯这段时间睡觉，她不睡的话，就会哭个不停，根本没法和你一起玩。"田琦同意妈妈的说法。妈妈接着说："你感觉第二个办法怎么样？如果你声音轻一点，能够保证不吵醒妹妹吗？"田琦想了一下说："这个方法也不好，如果不放音乐，那跳舞就没意思了。"妈妈点点头接着说："那第三个呢？"田琦想了一会儿说："第三个倒是不会吵醒妹妹，但是我不想去楼下跳舞。"妈妈说："你自己到楼下跳舞我也不放心，这个方法也不是太好。那你看最后一个呢？"田琦有些失望地说："那只能这样了，等妹妹醒了我再跳。"妈妈说："等妹妹醒了一起玩，你可以当舞蹈教练教妹妹一起跳。另外，在妹妹睡觉这段时间里，你可以看看绘本啊，妈妈给你买的绘本你不是很喜欢吗？"田琦听了高兴地拍着手说："这个方法好，我可以在妹妹睡觉的时候看绘本，在她睡醒之后，我可以做她的舞蹈教练，教她一起跳舞。"

上文中的妈妈在给女儿定规矩的时候，没有独断，而是听取了女儿的建议。更难能可贵的是，她让女儿充分思考，最终找到了一个大家都能接受而且非常满意的方法。这种制定规矩的方式，非常值得我们学习。

定规矩方法2：
规矩要简单、明确、具体，让孩子听得懂

上面一节，我们讲到了定规矩的第一个方法：和孩子进行商量而不是独断。现在，我们来讲定规矩的第二个方法：规矩要简单、明确、具体，让孩子听得懂。这个方法中，有两层含义，我们来一一讲述。

第一，不要在同一时间段同时给孩子定下很多规矩。

上二年级的小娜学习成绩一直不是很理想，妈妈非常着急。这一次，小娜考试又没有及格，妈妈就更心如火烧了。她一下子就给女儿定下好几个规矩：1. 每天放学回来，必须先写作业，不可以看电视。2. 作业写完之后，再把以前学过的内容复习一遍。3. 写作业的时候，要注意力集中，不能一边写一边玩。4. 每天写完作业、复习完功课之后，接受爸爸或者妈妈的"测验"，看是否很好地执行了规定。

5. 接受"测验"之后，听一会儿英语，要把英语学好。6. 听完英语之后，看一会作文书，学习写作文。7. ……

妈妈一下子给女儿定了好多规矩，恨不得马上就能把女儿的成绩提上去。

上面的这位妈妈想让女儿变好的愿望是可以理解的，但是她的做法却并不可取。为了让女儿把成绩搞好，一下子给女儿制定了诸多的任务。但是制定那么多的规矩，孩子很难去执行。因为在这么多规矩面前，他们会感觉压力太大，也容易被这些规矩搞混，不知道先执行哪个后执行哪个。有一句名言：不要同时追两只兔子。制定规矩也一样，在同一时间段不要制定太多的规矩，否则孩子就很难去执行了。

在同一时间段，规矩太多就等于没有规矩了。所以，应该等把这件事做好之后，再去做其他的，这样效果才会好。

第二，要讲明白，说清楚，尽量把规矩说得明确、具体。

事例1：7岁的儿子从学校回来，衣服脏了一大块。妈妈有些生气地说："你要保持干净整洁！"

事例2：妈妈带3岁的女儿外出，看她还在赖床，说道："快准备下，我们马上要出门了。"

事例3：妈妈回来，看到地上满是玩具，都没地方下脚了，说道："你把房间搞得乱七八糟，赶紧收拾好！"

上面3位妈妈说的这些话，对于成人来说，可能很容易理解，但是对于孩子，尤其是年龄较小的孩子来说，他们未必能理解。我们要考虑到他们的认知能力，在制定规矩的时候，尽量说得明确、具体，让他们听得懂，也能够很好地去执行。比如事例1中，妈妈用的词是"干净整洁"，这没有一个标准，孩子很可能感到茫然，不知道怎么去做。其实妈妈无非是想让儿子别把衣服弄脏，她可以说："你的衣服弄脏了，下次要注意一下。"事例2中，3岁的孩子根本不明白什么是"准备好"，妈妈可以说："起床的时间到了，穿好你的上衣、裤子、袜子及鞋子，我们8点钟就要出门了。"事例3中，妈妈可以说："把你的玩具收拾起来，放到盒子里。"

当妈妈把规矩说得明确、具体的时候，孩子就会清楚明了，也愿意去执行。很多时候，我们埋怨孩子不执行规矩，其实根本是因为我们没有说明白，他不知道如何去做。

定规矩方法3：
对规矩进行重复

通过前面两节，各位读者应该已经学会了如何给孩子定规矩：在定规矩之前，和孩子事前商量，让孩子充分参与；然后把规矩说明白、讲清楚，让孩子很容易去执行。通过这样的方式，孩子就会变得配合。

当然，上面谈到的两个方法也不是万能钥匙，当规矩制定好后，孩子可能配合，也可能不配合——有的孩子会千方百计地想办法破坏规矩，毕竟这些规矩或多或少都会对他们进行约束。

4岁的倪昊已经上幼儿园了。每天早上，妈妈都要花半小时催他起床。后来，妈妈和他约定，给他准备一个小闹钟，闹钟一响，他就自己起床穿衣服。因为妈妈要给他买一个小闹钟，倪昊非常高兴地答应了。

第二天，小闹钟响了半天，倪昊却根本不起来。妈妈有些着急了，走到倪昊的屋子去催他。

妈妈："该起床了，咱们不是昨天说过，小闹钟一响，你就自己起床穿衣服吗？"

倪昊："我再睡一会儿，就睡5分钟。"

妈妈："你要迟到了！你还要刷牙、洗脸、吃饭，你的时间来不及了！"

倪昊："我会加快速度吃饭，我只要一分钟就能洗脸刷牙，把饭吃完。"

妈妈："这些事情你一分钟之内根本做不完的。"

倪昊："我能做完。"

妈妈："你做不完。"

倪昊："我一定能做完。"

……

两个人争论了大概有10分钟，倪昊仍然躺在被窝里。

孩子有时候很"聪明"，他们总能找到父母的软肋，或者逼父母就范，或者用敷衍的方式应付父母，让定好的规则无法执行。上文的倪昊就是这样，他避开起床的话题，和妈妈去争论其他问题，结果妈妈"上了当"，和他争论了有10分钟，让他赖床的愿望得逞了。

那么，当孩子抵触或者拒不执行定好的规矩时，妈妈应该怎么做呢？

这个方法很简单，那就是盯着孩子的眼睛，重复定好的规矩。还以上文中的事例来介绍一下这个方法。

> 妈妈："小闹钟已经响了，起床的时间到了。"
>
> 倪昊："我还想再睡一会儿，5分钟就可以，5分钟之后，我就自己起床穿衣服。"
>
> 妈妈："（蹲下来，看着儿子的安静，把上衣拿过来，拍了拍他）这是你的上衣，现在把它穿好。"
>
> 倪昊："我还想睡一会儿。"
>
> 妈妈："（仍然看着孩子的眼睛，声音温和而坚定）现在穿好你的衣服，要起床吃饭了。"
>
> 倪昊："时间还来得及，我再睡5分钟，我不会迟到的。"
>
> 妈妈："（拍拍孩子的头，仍然温和坚定地说）你要起床了，这是你的上衣，穿好它。"
>
> 倪昊："（有些不情愿地）好吧……"

和孩子做一些争论是没有用的。他们故意岔开话题，和你无休无止地争论下去，从而让自己得逞。妈妈要做的，就是重复规矩，不去和孩子争论，这样，孩子就没有敷衍和拖延的机会，而且会有一定的压力。

值得一提的是，妈妈在重复规矩的时候，也要注意自己的眼神、肢体语言及语调。在这种时候，妈妈既要保持温和，也要做到坚定，可以看着孩子的眼睛，把已经制定好的规矩再说一遍。这个方法看似简单，但是非常管用。通常重复一两遍，孩子就会服从规矩，配合家长的要求。

俗话说：事不过三。妈妈最多重复3遍，如果重复了3遍，孩子仍然不执行，那就要用下一节将讲到的方法：告知孩子可能发生的后果，这样可以对他产生一种"警告"作用。

定规矩方法4：
告知孩子可能发生的后果

楚铭上小学三年了。他的英语一直很差，考试经常不及格。妈妈决定给他制订一个学习计划，从而提高英语成绩。妈妈让楚铭充分参与学习计划的制订，最终，两个人制订的学习计划是这样的：周一背单词，周二学语法，周三听英语句子，周四复习一周内学过的知识点，周五做一个小测验，周六请家教补习。

第一天，楚铭完全执行了学习计划，背了半小时的单词。但是第二天，他就赖在沙发上看电视，不去学习英语语法。

妈妈："（提醒楚铭）学习英语语法的时间到了。"

楚铭：（仍然看电视，不搭话）。

妈妈："（看着楚铭的眼睛，温和坚定）楚铭，你应该去学习英语语法了。"

楚铭："妈妈，我今天头疼得厉害，没法去学习了。"

妈妈听楚铭说头疼，就没有让他继续去学习。但是妈妈通过观察，发现楚铭似乎是在装病，因为他吃饭的时候胃口很好，精神也很不错。

第三天，楚铭又赖在沙发上不去学英语。

妈妈："学英语的时间到了。"

楚铭："妈妈，我头疼，我不想去学了。"

妈妈："（知道儿子在说谎，但是没有拆穿他，也没有吼他）现在学英语的时间到了，如果你头疼，妈妈带你去医院，如果你感觉还可以，那就应该去书房学习了。"

楚铭："（见妈妈识破了自己，开始耍赖）我不去医院，我也不去学英语。"

妈妈："（看着儿子的眼睛，声音温和坚定）楚铭，你应该去书房学英语了。"

楚铭："我不想学，我不去。"

妈妈又重复了一遍，但是楚铭仍然赖在沙发上，就是一动不动。

有时候让孩子执行规矩，是一件非常麻烦的事，尤其是一些大孩子，他们会察言观色，用撒谎、耍赖、哭闹等方式逼父母让步，从而让规矩无法执行。上文中的楚铭就是这样，他先是撒谎，说自己头疼，被妈妈识破之后，干脆耍起赖来，就是不执行制订好的学习计划。在这种时候，妈妈不能让步，而是要对他进行"警告"，告知他可能发生的后果。

比如上文中的妈妈，可以看着儿子的眼睛，和他保持眼神交流，然后对他说："如果你不去学习英语，妈妈就要关掉电视，而且今天整个晚上都不允许看。"

这是一种"警告"，也是在给孩子一种选择：要么执行制定好的规矩，要么自己承担后果。

如果妈妈已经告知了孩子要发生的后果，这时候他就会考虑，是否听从妈妈的话。一种情况是他听从了妈妈的话，开始去执行制定好的规矩；另外一种情况是仍然不听。当然，前一种情况，是我们乐于看到的。至于后一种情况，我们在下一节讲解应对的方法。

值得一提的是，在告知孩子可能发生的后果时，有两点需要注意：

第一，要注意自己的语气，不要威胁和吓唬孩子。

在孩子不遵守规定时，一些家长会威胁和吓唬孩子："我数到3，你要是再不起床，就别怪我不客气！""你如果不去写作业，以后就永远不要看电视！""你如果不听话，别怪我揍你！"这就又回到惩罚孩子的老路上去了。

在告知孩子可能发生的后果时，仍要做到前面经常提到的"温和坚定"。我们的目的，不是发泄情绪，也不是威胁孩子让他害怕，而是要他遵守规则。我们心平气和地告知他可能发生的后果即可，比如：

　　"如果你不收拾玩具，妈妈就要把玩具收起来，这个星期你都不可以玩。"

　　"如果你不写作业，你今天晚上就不能看动画片。"

　　……

用上述的方法，就充分起到了"警告"的作用，而不会伤害孩子。

第二，让孩子承担的后果，要和孩子违反的规矩相联系。

比如孩子因为想看动画片而不去写作业，父母可以不让他看动画片。但是如果孩子因为不写作业父母不允许他吃晚饭，那就非常不合理了。

定规矩方法5：
说到做到，对孩子进行"惩罚"

如果家长对孩子进行了提醒，告知他可能发生的后果，他还是没有遵守制定好的规矩，那应该怎么办呢？这时候，家长就要说到做到，对孩子进行"惩罚"。只有这样，才能给孩子一个"教训"，让他学会遵守规矩，并且树立家长的权威性。

郝伟今年6岁，是一个很活泼的小男孩。爷爷奶奶和他住在同一个小区，非常宠他，经常给他买一些玩具。没多长时间，他的房间就堆满了玩具。

每天他都会把这些玩具拿出来，玩完之后，就不再管它们了。郝伟的房间经常都是乱糟糟的，连下脚的地方都没有了。妈妈为了给他收拾玩具，每天都要花上一两个小时。妈妈决定给他制定规矩，让他自己收拾玩具。

妈妈通过和郝伟协商，郝伟同意了妈妈定的规矩：玩完玩具之后，把它们放归原处。他也同意了妈妈的"惩罚"措施：如果不收拾玩具，妈妈就要把这些玩具收走，一个星期不能玩。

　　前两天，他玩完玩具之后，确实做到了收归原处。但是第三天，他就开始耍赖，不再进行收拾。妈妈看到他乱糟糟的房间，提醒他说："你应该收拾一下你的玩具了，把它放归原处。"妈妈提醒第一次，他其实听到了，但是故意装作没听见，仍然在客厅看动画片。过了一会儿，妈妈见他仍然不行动，就第二次提醒他：你应该收拾你的房间了。郝伟这次不能装作听不到了，就开始耍赖："妈妈，你帮我收拾一下吧，我今天太累了。"妈妈说："你应该遵守我们的约定，自己收拾房间。如果你自己不收拾房间，我会拿走那些玩具的。"郝伟仍然耍赖，让妈妈帮他收拾，但是妈妈只是说："你要遵守我们的约定。"然后就走开了。又过了一会儿，妈妈看郝伟仍然没有行动，就对他说："妈妈第三次提醒你，你要收拾你的房间了。如果在10分钟之内你仍然不开始，妈妈就要拿走那些玩具了。"郝伟仍然耍赖，央求妈妈帮他收拾。过了10分钟之后，妈妈开始收拾那些玩具，并且锁在了箱子里，让郝伟拿不到。这时郝伟急了，哭闹起来，让妈妈把玩具还他，但是妈妈不为所动，温和而坚定地说："我们之间有约定，如果你不收拾玩具，妈妈就要拿走它们，一个星期之后再还你。这一个星期，你是不能玩这些玩具的。"无论郝伟怎么哭闹，妈妈也没有把玩具还给他。郝伟等了一个星期之后，终于拿到了那些玩具。从那之后，他每次玩完，都会把玩具收拾好，再也不乱放了。

在给予孩子警告之后，如果孩子仍然拒不执行规定，则要说到做到，对孩子进行惩罚。当然，这里所说的惩罚，不是打骂孩子，也不是用极端手段恐吓孩子，而是要给他一点"教训"，让他知道不执行规定的后果。在惩罚孩子的时候，一定要及时，让他能将相应的行为和后果联系起来，从而引以为戒。

那么可以给孩子哪些"惩罚"呢？对于小一点的孩子，比如2～5岁的孩子，可以让他"面壁思过"——单独在房间里待一两分钟。等时间一到，再让他完成之前的规定，如果他再拒绝，就再让他"面壁思过"一两分钟，直到他执行为止。这种方式，对于小孩子非常奏效。值得一提的是，在让孩子单独待在房间里时，一定要保障他的安全。对于大一点的孩子，则可以通过没收他的玩具，减少他看电视、玩电子游戏的时间等方式，让他知道不执行规定的后果。

如果孩子看到家长真的要"惩罚"自己，就可能会改变主意，向家长认错并且执行之前的约定，这时候，家长应该怎么做呢？此时，家长仍然不能心软，仍要惩罚他，并且要对他说："现在已经晚了，我依然要没收你的玩具。等下一次，你一定要按照规矩去做。"家长只有说到做到，才能树立自己的权威，让孩子服从约定。

定规矩方法6：
让孩子形成习惯

前面的章节，已经把给孩子定规矩的前提、原则、方法都进行了详细的介绍。它们有助于家长和孩子和睦相处，减少矛盾和争执，同时，也能让孩子得到更好的教育。

但是很多家长看过之后，心里也会有疑惑：照着上面的方法做，就能管好孩子？我的孩子可"皮"了，根本不服管。也有的家长可能会说：我以前就是这样做的啊，但是根本管不住孩子。我的孩子不怕惩罚，我都罚过他很多次了，也用了各种各样的方法，但是根本不见效果。

要让孩子学会遵守规则，懂得配合家长，是需要时间来磨合的，不可能一蹴而就，立竿见影。家长要做的，就是坚持原则：规矩定好之后，要严格执行，不给孩子空子可钻。在开始的时候，孩子可能会"讨价还价"，或者试探家长的底线，但是当他看到家长根本不让步，慢慢地，他就知道这是"来真的"，不执行根本不行。等他形成了习惯，就能很好地配合家长。

　　这是一个长期的过程，所以各位家长不要着急，也不要灰心，多多和孩子磨合，也多学一些定规矩的方法和技巧，时间一久，就会看到效果。

第**7**章　实操篇：这些问题用规矩来解决

孩子早上起床总是拖拖拉拉怎么办

　　我女儿今年7岁，开始上一年级。每天早上起床，我们都会发生争吵。她总是拖拖拉拉地赖在床上，就是不穿衣服。我催好多次，她就是赖着不起来。直到快到了上学时间，她才急急忙忙地穿衣服，然后洗脸刷牙。这时候，时间已经所剩不多了，她急匆匆地吃几口饭，抓起书包就往学校跑。因为走得匆忙，她经常把课本、作业本、文具盒等丢在家里，我不得不再跑一趟学校，给她送过去。因为女儿起床这件事，我实在花费了太多的精力和时间。

对于孩子赖床的问题，妈妈可以这样做：

第一，先找一下孩子喜欢赖床的原因。看他是不是不喜欢上学，或者本身就性子慢，另外家长也可以从自身方面找一下原因，反思下是不是因为自己做事拖沓给孩子树立了不好的榜样。家长找到孩子喜欢赖床的真正原因，才能够从根本上帮助孩子。

第二，和孩子做一次沟通。和他商定好，以后妈妈不再负责叫他起床。妈妈可以给孩子买一个闹钟，把闹钟时间定在6点30分，闹钟一响，他就自己穿衣起床。在和孩子商量的时候，妈妈要表现出对孩子的信任，相信他能够做好。当妈妈总是提醒或者催促他的时候，他就会产生依赖性，认为反正有妈妈在，自己根本不用担心迟到或者把东西丢在家里的情况。当妈妈让他自己做主，他就会认真去关注这件事，在心里上了一根"弦"。

而且当妈妈表现出对他非常信任时，他就会受到激励，从而对自己严格要求。他不想自己让妈妈失望，所以会认真做这件事。

第三，让孩子承担相应的后果。如果孩子因为赖床迟到，或者因为赶路匆忙把书本或者文具丢在家里，妈妈不要找老师说情或者把丢在家里的东西送过去，让孩子自己承担相应的后果反而会给他一个"教训"，下次的时候他就会格外注意。甚至，妈妈可以和学校的老师商量好，给他一个重一点的"教训"，这样他就能更好地去改正。

第四，让孩子学会时间管理。如果一个孩子早上赖床，那么他做其他事也可能会拖拖拉拉，要想彻底改变这种情况，妈妈就要教会孩子管理时间。妈妈可以教给孩子如何规划时间，或者如何把任务分成几部分，一步步去完成。当孩子学会了时间管理，就不会再赖床，也不会做事拖拖拉拉了。

孩子去超市总是乱买东西怎么办

在我家附近有一家很大的超市，我经常去买东西。有时候，我也带着5岁的女儿去逛一逛。但是每次带她去超市，她都想买很多东西，比如零食、玩具，等等。我不想让她养成乱花钱的习惯，所以总是拒绝她。但是我女儿就是赖着不走，不是拉着我撒娇就是大哭大闹。有一次，她竟然在超市打起滚来，惹得大家都来看，我感觉非常丢脸，最后只好答应了她。我知道这样做不对，但是也实在想不出好的办法。现在，我尽量不带女儿去超市。

对于年幼的孩子来说，超市里琳琅满目的商品对他们具有很大的诱惑，无论是零食还是玩具，都能吸引他们，让他们哭着闹着不肯离开，直到家长掏腰包为止。

年幼的孩子是缺乏自控力的，当看到吸引自己的东西，他们第一个想法就是得到它，而不去考虑这个东西是不是值得买。比如小男孩，已经有了四五个飞机，下次在超市里看到，仍然会让爸爸妈妈买给自己；而小女孩，则会买很多的娃娃，堆得床头都放不下。

这时候爸爸妈妈给他们讲道理是行不通的，他们会用哭闹来威胁家长，一些孩子甚至会在地上打滚撒泼，直到家长同意自己的要求为止。在这种时候，家长多半都会"屈服"，因为自己家的孩子打扰了大家，会感觉很丢人。只要不让旁人再用异样的眼光看自己，多花几十块钱就不是事儿了。所以马上付款，带着孩子走人。

这样做，会让孩子抓住"软肋"，下次他的要求得不到满足时，他会故技重施，让你迁就他，满足他。时间一久，孩子就会变得娇纵任性，对于孩子的发展极为不利。

对于这个问题，家长可以这样做：

第一，在去超市之前，和孩子做一次沟通，规定什么东西可以买，什么东西不能买。也可以给孩子一定数额的钱，让他自由选择，但是不能超过这个数额。如果孩子同意，就带他去，如果不同意，则不带他去。

第二，如果孩子违反规定，则让孩子"二选一"。虽然出发之前有约定，但是当孩子看到吸引自己的东西，很可能忘记了约定，或者不再遵守约定。这种时候，妈妈可以给他提个醒，并且让他做一个"二选一"的选择："我们出发之前，可是商定好的。现在你来做一个选择，要么遵守我们之前的约定，要么我们什么都不买，马上回家。"

第三，如果孩子哭闹撒泼，则立刻带孩子离开超市。当接到妈妈的提醒之后，有的孩子会遵守约定，有的孩子则试图破坏约定，逼爸爸妈妈让步。这时候他们会哭闹起来，甚至会在地上打起滚来。他们就是想吸引大家的注意，从而让家长感到丢脸，最终同意他们的要求。在这种时候，家长千万不要让步，而是应该立即带孩子离开超市，找个安静的地方让他冷静一下。如果孩子看到自己哭闹撒泼不管用，以后就不会用这种方法逼迫家长，也会慢慢懂得遵守规矩。

第四，对孩子进行"惩罚"。如果孩子没有遵守约定，回来之后妈妈可以告诉他：从今天起到下月初，都不会带他去超市。要让孩子知道，自己言出必行，如果他不遵守规定，就会失去更多。

通过以上一系列的方法，可以让孩子不再乱买东西，并且懂得遵守规矩。

孩子不爱做家务怎么办

我的儿子今年上小学二年级。对于这个年龄段的孩子，应该给他分配一些家务，这对他的成长是有帮助的。每个周末，我和老公都会做一次大扫除，这时候，我也会叫上儿子帮忙。但是他根本不配合我们，一看到大扫除，不是用写作业来搪塞，就是溜出去玩。有时候实在逃不掉，就做一下样子，扫几下地敷衍了事。我批评过他很多次，但是就是没有效果。是不是我的孩子太懒了啊？

一项调查表明，让孩子做一些家务，不仅可以锻炼他们的自理能力，也能培养他们勤劳的品质。这对于孩子的成长来说，其积极作用是非常大的。但是因为家长的"包办"，很多孩子不仅不帮家长做家务，甚至本应该自己做的事，比如收拾文具、整理玩具之类，都是由爸爸妈妈代劳。这样的孩子长大之后，独立性会非常差，甚至没法融入社会之中。

家长不能什么事都包办，适当让孩子做一些家务，对他的成长帮助是非常大的。像上面这位妈妈，她可以这样做：

第一，告诉孩子自己的要求。家长可以和孩子做一次沟通，或者开一个"家庭会议"，告诉孩子做家务是每个家庭成员的责任，作为家庭中的一员，每个人都应当为房间的干净整洁贡献一份力量。对于做家务，孩子很可能是抵触的，但是如果家长严格要求，他慢慢就能适应。

第二，每次做家务的时候，给孩子安排明确的任务。比如让孩子收拾玩具，或者擦餐桌，等等。不要没有明确的分工，或者安排太多项任务。只有分工明确，每个人都有了相应负责的任务，才会尽力去干。为了提高孩子做家务的积极性，也可以把任务先列出来，让孩子自行挑选。当他做自己选择的事情时积极性就会更高。

第三，设定完成的时间。当任务分配完毕之后，要设定完成的时间，不允许"磨洋工"。当时间到达后，家庭成员之间可以相互检查，进行评比，看看谁的工作效果更佳。

第四，对孩子进行奖励或者惩罚。如果孩子完成得很好，或者基本完成了制定的任务，家长要给孩子奖励，表扬他"工作很勤奋，把地扫得很干净……"。孩子受到表扬后，在下次做家务的时候，积极性就会更高。如果孩子敷衍了事，或者根本没有去打扫，就应该对其进行"惩罚"，比如一周之内不能看电视，或者不给零花钱，等等。当受到惩罚的时候，孩子可能会用哭闹的方式逼家长让步，这时候，家长一定要坚持原则，不能有丝毫让步。只有这样，才能让孩子学会遵守规则。

第五，让做家务成为孩子生活的日常，并且慢慢养成习惯。在周末，可以做一次大扫除，每个家庭成员都要参加；在平时，也可以明确分工，让孩子分担一些家务工作。时间久了，孩子就会养成习惯，学会分担家务，也懂得为家庭尽自己的一份力。

孩子不爱写作业怎么办

我儿子今年7岁，上小学一年级。最近，我和儿子总是因为写作业发生矛盾。每天晚上他都不肯写作业，即使坐在了书桌前，也是磨磨蹭蹭地耗时间，几分钟也写不了一个字。我骂过他甚至打过他，但是没起到丝毫作用，他还是逃避写作业。我该怎么办么？

对于年幼的孩子来说，写作业确实没什么吸引力，他们更愿意看电视、玩游戏或者和小伙伴去踢球。但是作为学习中一个重环节，写作业对于孩子来说非常重要，它不仅关系到孩子学习的效果，也关系到孩子的考试成绩。一个不爱写作业的孩子，很难爱上学习，也很难取得优异的成绩。

那么，怎么处理这个问题呢？

第一，分析孩子不爱写作业的原因。是不是跟不上老师的讲课进度，作业题目对他来说太难了？是不是孩子注意力有缺陷，难以集中注意力？还是家长给孩子布置了太多的学习任务，让孩子失去了学习的兴趣？……

孩子不爱写作业的原因很多，一定要具体分析，只有找到其中的原因，才能从根本上解决问题。如果是孩子跟不上学习进度，就可以考虑给他找个家教；如果孩子注意力有缺陷，可以培养孩子的注意力，或者带他去看一下心理医生；如果是孩子学习压力太大，导致他失去了学习的兴趣，就要给孩子减负……只有这样，才能解决孩子不爱写作业的问题。

第二，告诉孩子，作业一定要写。家长要让孩子严肃地对待老师留的作业，并且要求他：只有写完作业才能看电视或者出去玩。当孩子感受到家长对于作业的重视，他们也就会认真地去完成。

第三，为孩子塑造良好的写作业的环境。如果条件允许，最好给孩子布置一个书房，书房中只有桌椅及学习用具，这样孩子就能集中注意力，而不被打扰。同时，在孩子写作业的时候，家长不要看电视或者玩游戏，避免打扰孩子，或者让孩子觉得不公平——孩子自己在学习，家长却在玩。

第四，为孩子提供一些帮助。家长可以告诉孩子一些学习的技巧，比如如何合理规划，如何高效利用时间，等等。可以教孩子把作业分成几块去做，这样，他就不会觉得作业太多了。而对于写作业磨蹭的孩子，可以给他计时，看他在一定时间内能够写几道题。

家长还需要考虑为孩子提供其他方面的帮助。有的孩子确实难以独立完成家庭作业，在这种情况下，家长可以给他请一个家教，或者帮他进行作业检查，等等。

　　第五，根据孩子作业完成情况，进行奖惩。如果能够很好地完成作业，或者有了一定的进步，家长要进行表扬。如果孩子仍然拖拖拉拉地不好好写作业，或者仍然敷衍了事，家长就要对他进行一定的惩罚，比如不让他看电视、玩游戏，等等。

孩子过度使用手机怎么办

　　我女儿现在上小学五年级，年初她让我给她买了一部手机，理由是同学们都有自己的手机，就她没有。我答应了女儿的要求，但是现在很后悔。自从有了手机之后，女儿再也不努力学习了，一放学不是先写作业，而是看手机。甚至在吃饭的时候，她也是一边看一边吃，我和她说话完全不理会。眼看女儿马上要考初中了，这样下去，她的成绩肯定会非常糟糕，我应该怎么办呢？

　　电子产品对于孩子来说，吸引力是非常大的，但是一旦给孩子买了电子产品，比如智能手机、平板电脑等，一些问题也就会随之而来。有的孩子自从有了智能手机，就沉迷于上网、打游戏，对学习完全失去了兴趣，有的孩子甚至浏览黄色网站、约网友见面，等等，问题非常严重。所以，在给孩子买手机之前，一定要好好考虑一下：我的孩子有了自己的手机之后，是否能够控制得住自己，不沉溺其中呢？如果家长有疑虑，最好先不要买；如果你对自己的孩子比较放心，认为他能够管住自己，那就可以给他买一个。

对于已经拥有了手机的孩子，家长一定要制定使用手机的规矩，并让他严格遵守：

1．学习第一。放学之后要先写作业，然后才能玩手机。

2．手机不能带入学校。如果没有经过家长的同意，不能把手机带入学校，也不能借给他人或者向他人借手机。

3．规定使用时间。家长不能让孩子无限制地上网、打游戏，而是应该规定他们的使用时间，比如周一到周五最多不能超过一个小时，周末不能超过两个小时。

4．规定使用权限。哪些网站可以上，哪些网站不可以上，哪些游戏可以玩，哪些游戏不可以玩，哪些人可以联系（比如家人、同学），哪些人不可以联系（比如陌生人，等等），都要和孩子谈好。尤其在看黄色网站以及和陌生人约见方面，家长一定要反复强调，绝对不可以让孩子越雷池一步。

5．规定每个月的话费额度。家长要和孩子商量好，每个月的话费需要控制在多少钱之内。如果超过这个数额，就要让孩子用自己的零花钱来缴纳。

除了上面的一些规定，家长还可以根据实际情况，对孩子使用手机进行一些其他的限定。如果孩子能够遵守这些规则，就让孩子继续使用手机；如果孩子没有遵守规则，家长就要对孩子进行惩罚。比如限制使用时间，甚至把手机没收等。这样，才能保证孩子不过度使用手机，不沉溺于网络，不荒废学业。

孩子总是爱撒谎怎么办

最近发现女儿经常向我撒谎。有一天晚上，她在看电视，我问她："你作业写完了吗？要是没写完先别看电视，先去写作业。"女儿小声说："今天老师没留作业。"看她说话的神态，我感觉她在撒谎，我就打电话问了她同学的家长，结果发现她果然在撒谎。前两天，她告诉我学校要交钱买书，需要交50元。我不相信，就盘问她，并且警告她："你到底是不是想要骗钱？说实话，你要是不说我就打电话问你们班主任了！"她看我真的要询问班主任，赶紧说了实话，原来她想用这笔钱买个玩具。

这让我很担心，女儿小小年纪就学会了说谎，长大以后那还了得？我该怎么做才能帮助她改正说谎的毛病呢？

对于孩子来说，如果他偶尔撒个谎，这是可以原谅的。但是如果孩子经常撒谎，这就这就需要家长重视起来了。因为如果任由这种情况发展下去，孩子的品行就会出现问题，长此以往，孩子的名声就会变坏，不会有人愿意跟他做朋友、跟他合作，会严重影响他今后的发展。

那么，当孩子出现撒谎的问题时，家长应该如何应对呢？

第一，寻找一下孩子撒谎的原因。孩子撒谎的原因很多：有时候是为了逃避惩罚，有时候是为了让自己显得更优秀，有时候是为了获得好处，有时候是为了发泄情绪，还有时候是为了保护朋友……。如果家长发现孩子经常撒谎，就需要对孩子进行观察，看看他到底是为了什么才去撒谎。例如上文中的小女孩，她撒谎是为了获得一些好处：她撒谎说老师没有留作业，这样就能安心看电视了；她撒谎说学校交钱买书，是为了能够买一些她喜欢的玩具。

第二，反思自己的教育方式。教育学家通过研究发现，孩子是否撒谎，和家长的教育方式有很大关系。如果家长能够采用"权威教育法"，孩子撒谎的行为会大大减少。所谓的权威教育法，即是我们前面所说的"爱与典范"，家长制定几个核心的规矩，告诉孩子必须遵守，如果违反会受到惩罚；然后在其他方面，给孩子相对宽松的空间，而不去过多地加以限制。在这样的家庭环境下长大的孩子，说谎的可能性大大减少。他们知道，自己想要的一些东西，只要不过分，家长会满足他们；即使犯了一些错误，家长也不会惩罚他们。所以，他们能够诚实地和家长交流，而不是去撒谎。

上文中的妈妈，需要反思一下，自己是否对于孩子要求太高，过于苛刻，使得她的一些需求得不到满足，也没有争取的机会，所以，不得不采用撒谎的方式来实现自己的愿望。如果真的是这样，就需要多给孩子一些自由的空间。当她的一些需求得以满足时，就不会撒谎了。

第三，采用正确的方式对待孩子撒谎的行为。当孩子出现撒谎行为时，家长不要指责和打骂孩子。指责和打骂，只会让事态变得更严重，孩子以后就更不敢说真话了。家长也不要给孩子贴标签，称他为"骗子"，这样会严重伤害孩子的自尊心。在发现孩子撒谎时，家长不要采用"看，你被我揭穿了吧"的姿势，而是应该采用对事不对人的方式。比如上文中的妈妈，她发现女儿在撒谎，可以对她说"我听小楠的妈妈说，你们今天是留了作业的"，或者说"我希望你能诚实"。这样做，既让孩子明白家长知道她在撒谎，也给她保留了面子。

第四，给孩子制定规矩。家长可以和孩子进行一次深刻的交流，告诉他，自己期望他是一个诚实的人，并且和他谈一谈说谎的危害。家长还可以和孩子制定"家庭行为守则"，约定大家彼此诚实相待，一起说真话。

在和孩子谈话之后，家长也要努力给孩子创造一个良好的环境：既不太苛刻严厉，让孩子感到害怕；也不过于宽松，让孩子感觉撒谎也无所谓。在这样的环境下，孩子会有很大改观。此外，家长要给孩子树立一个良好的榜样，做一个诚实的人。有了榜样的带动，孩子更容易改掉撒谎的坏毛病。

第五，如果孩子仍然持续撒谎，就要对孩子进行惩罚。通过上面的方式，很多孩子都能改掉撒谎的毛病，但是有的孩子仍然会持续撒谎。这时候，家长就要对他们进行惩罚了。孩子撒谎是为了获得一些好处或者逃避一些责任，这时候，家长就一定要让他们知晓撒谎的后果——撒谎不仅得不到丝毫好处，反而会为此付出代价。比如孩子为了看电视总是说老师没有留作业，这时候家长就可以惩罚他一个星期内都不可以看电视；如果孩子为了虚荣心总是骗家长要钱，家长就可以扣减他的零花钱；如果孩子总是抄同学作业，就要坚持让他再做一遍……当孩子知道了撒谎的后果，就不会再撒谎了。